卓越教师教学主张丛书

厦门市卓越教师培育项目成果
西南大学教育学"双一流"学科建设实践成果

总主编 陈珍 朱德全

立美美术
——义务教育阶段美术情境教学研究

傅闰冰 著

西南大学出版社
国家一级出版社 全国百佳图书出版单位

·重庆·

图书在版编目(CIP)数据

立美美术：义务教育阶段美术情境教学研究 / 傅闰冰著. -- 重庆：西南大学出版社, 2024.10. --（卓越教师教学主张丛书）. -- ISBN 978-7-5697-2657-2

Ⅰ. G633.955.2

中国国家版本馆CIP数据核字第2024H5E785号

立美美术——义务教育阶段美术情境教学研究
LIMEI MEISHU——YIWU JIAOYU JIEDUAN MEISHU QINGJING JIAOXUE YANJIU

傅闰冰　著

责任编辑：邓　慧
责任校对：张　琳
封面设计：闰江文化
版式设计：散点设计
排　　版：瞿　勤
出版发行：西南大学出版社（原西南师范大学出版社）
　　　　　地址：重庆市北碚区天生路2号
　　　　　邮编：400715
　　　　　市场营销部电话：023-68868624
印　　刷：重庆亘鑫印务有限公司
成品尺寸：170 mm×240 mm
印　　张：13.75
字　　数：258千字
版　　次：2024年10月　第1版
印　　次：2024年10月　第1次印刷
书　　号：ISBN 978-7-5697-2657-2
定　　价：45.00元

编委会

总主编

陈 珍　朱德全

副总主编

洪 军　刘伟玲　庄小荣　潘世锋　罗生全　周文全

执行主编

范涌峰　魏登尖

编委（以姓氏笔画为序）

王天平　王正青　牛卫红　艾 兴　叶小波　朱德全
庄小荣　刘伟玲　陈 珍　陈 婷　范涌峰　罗生全
周文全　郑 鑫　赵 斌　侯玉娜　洪 军　唐华玲
　　　　　　　　　　　　韩仁友　潘世锋　魏登尖

总序

习近平总书记在2024年全国教育大会上指出,要实施教育家精神铸魂强师行动,加强师德师风建设,提高教师培养培训质量,培养造就新时代高水平教师队伍。《中共中央 国务院关于弘扬教育家精神加强新时代高素质专业化教师队伍建设的意见》指出,要加强中小学学科领军教师培训,培育一批引领基础教育学科教学改革的骨干。强化中小学名师名校长培养。

厦门市历来重视名师队伍的培育培养工作,根据教师专业成长规律,经二十年探索,逐步形成了"骨干教师—学科带头人—专家型教师—卓越教师"的金字塔式名师阶梯成长体系。自2021年起,厦门市教育局与西南大学开展战略合作,共同推进厦门教育高质量发展和教师队伍建设。"厦门市首期卓越教师培育项目"是由厦门市教育局与西南大学教育学部联合倾力打造的精品培训项目,也是厦门市迄今为止最高层次的教师培训项目。该项目旨在打造一支具有教育情怀、高尚师德,富有创新精神,具有鲜明教育教学思想和教学主张,在教育教学和教育科研上发挥领军作用的高层次教育人才队伍。项目以产出导向为理念,坚持任务驱动,通过个人自学、高端访学、课题研究、讲学辐射、挂钩帮扶、发表论文、出版专著、提炼教育思想、推广教学主张等方式优化培育过程。

三年琢磨,美玉渐成。通过三年的探索,围绕成为"有实践的思想者"这一核心目标,每一位卓越教师培育对象形成了特色鲜明、理念前沿的教学主张,并以教学主张为中心形成了一本专著,从而汇集成目前呈现在大家面前的"卓越教师教学主张丛书"。本丛书,既是"厦门市首期卓越教师培育项目"三年实施成果的沉淀,是每一位卓越教师培育对象思想的结晶,也是西南大学教育学"双一流"学科建设的实践成果。

仔细阅读本丛书,可以欣喜地看到,卓越教师培育对象们不仅能敏锐地捕捉到教育教学领域的难点、热点问题,揭示其中的本质规律,还能结合本地教学实际智慧地提出解决方案。总体来说,本丛书有以下三个方面的特点。

一是有较浓厚的学术气息。29位培育对象中有获得国家、省级基础教育教学成果奖的教师,有正高级教师,有省特级教师,但他们还在不断突破,追寻对教育教学本质的理解,追寻从实践到思想的蝶变,追寻高水平的专业表达。他们从实践中提炼出主张,再用主张引领实践,他们在书稿中融入了理论的阐释,学会了建构模型,并借助模型简洁地表述自己的教育教学思想,读起来不生涩也不单调。

二是有较强的系列探索味道。《义务教育课程方案(2022年版)》提出,应做好学段间的教育教学衔接。29位培育对象中,既有教育科研专职人员和学校的管理者,也有班主任、一线教师等,研究成果覆盖了小学、初中和高中的大部分学科,最终形成了29本培育对象教学主张的专著和1本全景式呈现卓越教师培育的经验和初步成效的论著。因此,本丛书既有基于教育者几十年教学实践的思想提炼,又有深入课堂的案例剖析,可以"用眼睛来读",作为教师专业发展的自读文选;也可以"用行动去做",作为教学范例直接进入课堂实践,在行动研究中孵化、创生;也适合专门研究者或管理人员参阅,从中窥探从小学到高中的教育教学重点与发展脉络。

三是有鲜明的课程育人特色。本丛书的撰写以学科课程为载体,以学科课程核心素养为目标,积极探索新时代背景下的育人方式变革,寻求育人最佳路径,以德施教,立德树人。因此,单看每本专著,已能感受到其中鲜明的课程育人特色,综合丛书来看,这一特色更加明显。

期盼厦门市首批卓越教师培育对象大力弘扬践行教育家精神,追求卓越的步伐永不停留,不断完善、应用和推广自己的教学主张和教学成果,为厦门教育作出更多更大的贡献。也期盼本丛书能为广大中小学教师深化教学改革提供参考,为教育学"双一流"学科服务教育实践提供借鉴。

是为序。

陈　珍

(中共厦门市委教育工委书记、厦门市教育局局长)

朱德全

(西南大学教育学部部长、西南大学教育学一流学科建设"首席责任专家"、国家重大人才工程特聘教授、国务院学位委员会学科评议组成员)

序一

美是纯洁道德、丰富精神的重要源泉。美育是审美教育、情操教育、心灵教育，也是丰富想象力和培养创新意识的教育，能提升审美素养、陶冶情操、温润心灵、激发创新创造活力。2020年，中共中央办公厅、国务院办公厅印发《关于全面加强和改进新时代学校美育工作的意见》，明确提出要强化学校美育育人功能，构建德智体美劳全面培养的教育体系。在厦门市首期卓越教师培育项目开展期间，本书作者傅闽冰老师踏上了"立美美术"情境教学研究这条探寻之路。"立美"是对人的自由生命的肯定，其意义在于实践师生对人类自由生命力的欣赏。从这个角度而言，"立美美术"主张在义务教育阶段美术学科教学中，以美为基础，遵循美的规律，强调对学生个性和兴趣的尊重，有目的、有计划、有组织地全面开展育人活动，探索多元表现形式，并在教学中融入艺术哲学，进而达到以美启真、以美崇善、以"德"育"心"、以"立"育"美"的价值追求。

在立美美术情境教学求证的道路上，作者深知研究道路的崎岖坎坷，因而不断在哲学与美学之间穿梭，试图找寻二者的焦点所在。每一次思考，都让作者仿佛置身哲学的殿堂，与那些思想大儒进行智慧对话，希冀找到通往立美美术的康庄道路。想象思想成功之余，作者也将美育与教学实践相结合，尝试将立美美术理念有机融入情境教学过程之中，让学生能够在具体的艺术实践中感受美的存在。然而，这并非易事，需要作者不断丰富相关教育教学理论并做大胆的适切性分析，整个过程充满了挑战与困惑。但也正是这些困难，让作者坚定决心，用尽一切力量更加深入地理解美育以及立美美术的本质内涵与实践要义。

从全书的认识深度来看,作者做到了!不过为了使本书能够"走进寻常百姓家",作者结合多年的美术情境教学心得感悟,以及课堂中师生的真实需求与困惑,尝试将美育理念融入艺术实践教学案例中,让读者能够从中自然、亲切地感受到情境教学美的力量与"立美"价值。但这亦是一次以"实"寻"真知灼见"的艰难之旅。每一次对章节的构思,每一次对文字的推敲,仿佛都让作者置身于茫茫大海而不得其方向。经过不断试错与反思,最终从立美美术与美术情境教学的思想关系,以及立美美术理念下美术情境教学的设计理路、设计范式、案例举要、评价及优化、实现的教师素养几个方面呈现并给予解读,以为读者能更加深入地了解教育实践的复杂性与多样性,使其信任"立美美术"教学主张,由此系统加工、科学阐释美术情境教学。可以说,《立美美术——义务教育阶段美术情境教学研究》一书是这种探索的结晶,更是对美术教育"传统时代"的跨越。

毫无疑问,教育是一个永无止境的探索过程。美育不仅仅是关于"美"的教育,更是关于"人"的教育,所以需要深入学生内心,引导学生去发现美、欣赏美、创造美,而这需要教师具备较高的素养和能力。因为在实施情境教学时,教师不仅是知识的传授者,更是学生灵魂的引路人。傅闻冰老师清楚地认识到了这一点,在书的后三章,他尝试提出一些具体建议及保障措施,以为未来的教学实践提供一些有益经验。可以说,这是作为卓越教师应有的理性自识,亦是一种回归教学、回归实践、回归学生生命的精神自觉。

回溯此书的写作之旅,作者的成长与变化是巨大的,尤其是那坚定为美育事业奋斗的决心和使命,让人敬佩。期望此书能够引发更多的思考和讨论,推动美育事业的不断发展。同时,也期待更多同行和读者加入进来,为培养具有审美素养的新时代人才而共同努力。最后,愿此书能成为见证我们共同前行的美好记忆,引领我们一起为美育事业书写更加辉煌的篇章。

罗生全

书于西南大学师元楼

序二

美是一个神奇的词语，它让所有人向往。爱美之心人皆有之，人们对于一切美好的事物都有着天然的追求，也愿意把自己美好的一面表现出来，希望自己是一个美好的人。正如苏霍姆林斯基所说："美，就是人性。"在生活中，人们期待能享用美味的食物，欣赏美丽的景色，遇见美好的事情，甚至在睡前也期待做一个美梦。美让人感到开心与快乐，当人们拥有快乐时，一切都变得更加美好。当然，有了深刻体验感受而留下来的美才是真实的、经典的。如果心中找不到美，那么就没有地方可以发现美的踪迹。时间是验证美最好的依据，在感情、情绪和思维中寻找美，借助物质创造美的形象，把对美的追求表达出来，努力去改变整个情绪和思想的方向，才能在面对美的形象时，真实而深入地将美反映到心灵中，完成对美的感受和创造，这样才有可能达成深入的美感体验，发现深度的美。

美育其实是以艺术服务于大众，因而审美教育有了新使命。以美育人、以美化人、以美培元，这样的词汇不断在人们视野中出现，美术教师的专业素养和人民教师的职业禀赋推动着教师向美而教，以美育人。作为美术教师，应自觉地把自己定位在"为党育人、为国育才"的位置上，通过美术学科培育审美人才，授人以艺，育人以德，塑人以美。对于义务教育阶段的美术学科，课堂教学中长期以来只重视"术"这个字，单纯地将其界定为技能学科，而对"美"却没有深刻的认识。随着时代的发展，美术也被列入人文学科，这是认识的回归。美术教师以自己对教育的执着和热情让学生不仅会画画，更具备正确的价值观，成为人格健全、素养全面、品位高尚的人。真、善、美是衡量艺术表达的标准,过分强调美可能导致唯美主义,过分强调真可能走向自然主义。人们对艺术的批判提供了对真、善、美关系的不同见解。它不仅服务于人生,也表现着人生,流露出情感、个性和人格。

美客观存在于人们的心里,不以人的意志为转移。古人创作艺术作品时,不仅表现了高超的艺术技巧,也展示了他们的艺术构思和美的理想。他们按照美的规律进行创造活动,这体现了他们对当时现实社会和古代哲学思想的深刻理解。然而在现实中,承担着培养美好人性使命的教育还不够"美"。一是"立德树人"的根本任务还没有得到很好的落实,教育不足以激发人性之美。二是"以美育人"的教育理念还没有得到充分的重视,义务教育阶段的美术教学不足以展现自身之美。因此,还要继续立足于"立德树人"根本任务,树立"以美为魂、立美育人"的"大美育"理念,进一步明确育人宗旨,优化教育手段,使教育具备"美"的外在与内涵,让学生在自由愉悦的充满美感的氛围中享受学习的快乐、生活的多彩,以及人际关系的和谐;获得热爱生活、珍爱生命、乐于求知、敢于创新、懂得感恩、学会担当等美好的品性。这些都是立美美术教育主张应有之义。

教学和艺术一样也是一门技术,现在与将来的教学和艺术都需要重视技术。义务教育阶段美术课堂教学本质上包含着思想性和艺术性两个方面。在立美美术理念下进行美术情境教学,对课堂教学中美的理想和追求来说,正是关于教学中美与真、善之间关系的问题。其不仅要满足美的要求,也要满足思想的要求。教师研究教材内容,创设教学情境,旨在帮助学生通过美术认识社会生活、社会矛盾和社会发展规律,所有这些都能在学生的核心素养中得到反映。学生一旦成为具备审美能力的人,就能在日常生活中改善自己的生活方式,按照美的样式来生活。在义务教育阶段美术教学中,审美只是实现目标的一种方法,而不是目标本身。美术教育的目标是让学生在创造的过程中变得更富有创造力。不管这种创造力将应用于何处,随着年龄的增长,学生在各种各样的教学情境中获得的美感经验和不断提升的创造力,都将应用于学习和生活中,这样美术教育的一个重要目标就是培养学生的核心素养。

教学也像艺术创作一样,表面上看似单一,但严格来说都是与现实课堂实际和学生创造相关的。在这个强调核心素养的时代,人们的生活多姿多彩,美的形式也多种多样。然而,对从事美术教学的教师来说,美的价值取向至关重要,因为其深刻蕴含所能传达的能量,这种能量引导着教师从事审美教学的方向,也会悄无声息地影响着学生的学习与生活。教师在教学中要善于运用情境教学,把握美的普遍性和独特性之间的尺度,提升美的层次,赋予课堂新的生命,帮助学生以不同视角看待这个丰富的世界,注重立美与审美的协同效应,以美为钥匙,在义务教育美术课堂中开启一种新的美术教学文化。

然而,教学也是一面镜子,映照着世界。在追求诗意和远方的世界里,审美教育在义务教育阶段美术教学中的重要性日益凸显,它将美学原则渗透于学科教学中,强调美育对诗意人生的促进作用。教学像音乐一样具有韵律、节奏和形式的和谐美,也像体育一样需要互相配合、团结协作形成默契,共同营造一个有情有景的场域。这个场域是完整的、自足的,一切都是必然的,因此是美的。每个学生每天都能经历不同的生活情境,有些印象深刻的情境潜藏于学生的内心深处,蕴含着审美的潜能,只是这种潜能在等待时机以被唤醒。

课堂出彩是教师最核心的基本功,但美得有魅力的情境教学课堂必须有科学的理论作指导,同时需要不断探索,不断实践,努力形成教师的教育教学观,并以此指导和优化教学。立美美术的教育理念是唤醒学生的美感经验,促发学生创造潜能,促使学生自觉用美术表达情感,激发学生对生活的热爱并心领神会地享受其中。随着教学实践的不断深入、理论的不断提升,立美美术的教学主张得以凝练。笔者提出教学主张需要长久积淀,而要让教学主张真正落地,则需要更扎实的研究和探索,这样才能真正形成自己的话语体系。通过大量阅读与深入实践,笔者构建了立美美术教育理论与实践的基本框架。立美美术这一既体现教育理想又彰显教学个性的教学主张，进一步明晰了学科发展的方向，使教师能更自觉地去向美而教，以美育人。情境教学作为一种有效的教学方法，强调将学习情境与实际生活相结合，通过创造真实的学习环境，激发学生的学习兴趣和主动性。教师应致力于立美美术课堂的构建——美的体验、美的发现、美的欣赏、美的表现与创造，让美术课堂成为学生最向往的课堂，让美术教育成为学生生命成长的有力载体。

对情境教学孜孜不倦的研究，势必让教师逐渐形成对教学的独特见解，并逐渐将其凝结为一种既走入学科又带有强烈个性色彩的教学主张。研究义务教育阶段美术情境教学的设计理路、设计范式、案例举要、评价和优化，探讨立美美术理念下义务教育阶段美术情境教学实现的教师素养，努力改变课堂教学的传统样式，营造情境，构建义务教育阶段美术教育的"大背景、全视域"，充分激发学生对美的追求，进而增强生命意识和创造冲动。及时将教科研成果实行转化，在认真执行国家课程的同时，努力建构提升学生审美力的课程体系。丰富的课程能为学生铺就一条条发展的跑道，促进学生的个性化发展。教师以美育生的同时更要以美自育。为此，我们有一个共同的愿景：将审美教育与人生教育相结合，培养人格健全、生命充实的人。用艺术思维观照世界和人生，在生活方式、状态和观念上按照审美原则进行取舍。践行自己的立美追求，向美而教，以美育人，这是全新时代立美美术内涵的呈现。

傅闰冰

目录

第一章 立美美术与美术情境教学的思想关系

第一节 立美美术概念及核心理念……………………………003
第二节 美术情境教学的内涵及思想…………………………012
第三节 立美美术情境教学的理念建构………………………023

第二章 立美美术理念下美术情境教学的设计理路

第一节 立美美术理念下美术情境教学的设计原理…………037
第二节 立美美术理念下美术情境教学的设计原则…………048
第三节 立美美术理念下美术情境教学的设计程序…………058

第三章 立美美术理念下美术情境教学的设计范式

第一节 "欣赏·评述"类艺术实践情境教学的设计……………069
第二节 "造型·表现"类艺术实践情境教学的设计……………077
第三节 "设计·应用"类艺术实践情境教学的设计……………088
第四节 "综合·探索"类艺术实践情境教学的设计……………098

第四章 立美美术理念下美术情境教学的案例举要

第一节 "欣赏·评述"类艺术实践情境教学案例评析⋯⋯⋯109

第二节 "造型·表现"类艺术实践情境教学案例评析⋯⋯⋯116

第三节 "设计·应用"类艺术实践情境教学案例评析⋯⋯⋯123

第四节 "综合·探索"类艺术实践情境教学案例评析⋯⋯⋯132

第五章 立美美术理念下美术情境教学的评价及优化

第一节 立美美术理念下美术情境教学评价的理念和要素⋯139

第二节 立美美术理念下美术情境教学评价的工具与方法⋯148

第三节 立美美术理念下美术情境教学评价的实施及优化⋯159

第六章 立美美术理念下美术情境教学实现的教师素养

第一节 立美美术理念下美术情境教学实现的教师育人观转变⋯⋯⋯⋯⋯⋯⋯⋯⋯⋯⋯⋯⋯⋯⋯⋯⋯⋯⋯⋯⋯⋯⋯171

第二节 立美美术理念下美术情境教学实现的教师素养结构⋯⋯⋯⋯⋯⋯⋯⋯⋯⋯⋯⋯⋯⋯⋯⋯⋯⋯⋯⋯⋯⋯⋯⋯184

第三节 立美美术理念下美术情境教学实现的教师素养发展机制⋯⋯⋯⋯⋯⋯⋯⋯⋯⋯⋯⋯⋯⋯⋯⋯⋯⋯⋯⋯⋯⋯⋯191

参考文献⋯⋯⋯⋯⋯⋯⋯⋯⋯⋯⋯⋯⋯⋯⋯⋯⋯⋯⋯⋯⋯⋯⋯199

后记⋯⋯⋯⋯⋯⋯⋯⋯⋯⋯⋯⋯⋯⋯⋯⋯⋯⋯⋯⋯⋯⋯⋯⋯⋯202

第一章

立美美术与美术情境教学的思想关系

《义务教育艺术课程标准(2022年版)》提出艺术教育的核心是"弘扬真善美""塑造美好心灵",其从学科角度和教育角度出发,指明了义务教育阶段艺术教育的核心方向。"立美美术"旨在提升学生的审美和人文素养。其明确了教学设计与实施的方向,是教师的一个教育愿景,建立在情境教学之上,体现了立美美术理念在义务教育阶段美术教育中的实际操作。借助创造真实的学习环境,培育学生的感知、思考和表达能力,使学生在情境教学中领略并探索美术的奥妙。

第一节 立美美术概念及核心理念

1999年,《中共中央 国务院关于深化教育改革全面推进素质教育的决定》明确提出要造就"德智体美等全面发展的社会主义事业建设者和接班人",美育的地位得以恢复和提升。2010年,《国家中长期教育改革和发展规划纲要（2010—2020年）》也再次明确教育要"培养德智体美全面发展的社会主义建设者和接班人"。2015年,《国务院办公厅关于全面加强和改进学校美育工作的意见》,要求学校全面贯彻党的教育方针,以立德树人为根本任务,把培育和践行社会主义核心价值观融入学校美育全过程。2018年全国教育大会将德智体美劳并提,明确提出要"培养德智体美劳全面发展的社会主义建设者和接班人"。在此基础上,2020年发布的《关于全面加强和改进新时代学校美育工作的意见》也为新时代美育工作的加强和改进提供了政策保障和方向指引。这一文件的出台标志着我国美育实践进入了一个蓬勃发展的新时期。然而,要想更好地推动美育实践的发展,充分发挥美育的多重价值,必须加强对美育的理论研究,特别是关于美育特性、价值等基本问题的研究。对美育的理论研究是美育实践发展的基石,可以帮助认识美育对个体发展的影响,揭示美育与其他教育领域的关系,为美育实践提供理论依据。

加强对美育的理论研究能够促进美育与社会文化的融合。通过深入研究美育的价值观念和意义,可以发现美育在塑造个体认知、情感和审美能力方面的独特作用,帮助认识不同文化背景下的美育实践差异,促进不同地区、不同学校之间的交流与合作,丰富美育实践的内涵和形式。

一 立美美术的概念

"美育"是指以"美"为特征的教育,在美术学科中按照美的规律进行教育,由德、智、体、美、劳诸育相互渗透和交融所呈现出来的完美、统一的教育过程。教育过程的这种审美价值,决定了要将审美教育的手段广泛地渗透到教育活动的方方面面,并贯穿于教育过程的始终,使"教"所要传授的知识系统合乎"善"的内容和"美"的形式,进而成为"美"的对象。

《义务教育艺术课程标准(2022年版)》背景下中小学的美术教学需在核心素养之文化修养、自主发展、社会参与三大指标体系下,培育学生图像识读、美术表现、审美判断、创意实践和文化理解等美术学科核心素养,促进学生整体素质的全面发展。美育在这样的时代背景下转型和革新,需要建立一种新的美育观,需要赋予美育新的内涵,将美术教学与立美教育结合起来系统化地实践,实现学生在美术世界里感受生命之美、艺术之美的自我迭代的重要意义,这也是立美与美术教学相融合的教育使命所在。在《义务教育艺术课程标准(2022年版)》理念的指导下,通过义务教育阶段美术课堂教学方式的改革,改变教育观念的重要途径之一,就是在教育实践中进行学科审美育人的教育借鉴——立美美术,从而实现立德树人、美的规律与当代教育理念的互渗融合,以建构素质教育意义上的现代美育观。

在日新月异的中国,教育的环境受到多元文化的冲击。对学生来说,以美学的眼光来看待今天的事物,其情感品质和情感能力是人格发展和创造人生的基础,关系到学生道德、人格、个性的成长,也是学生认知学习及其社会活动的保证,影响着学生的发展和学生一生的幸福。那么,立美,何为?立美重在"立",重在实践,重在体验,重在感知,重在操作。立教育自身之美而育人,是通向未来美术的教育。立美能提高学生的审美能力,还能激发学生的创造潜能,塑造健康的人格。立美也可以提高学生发现和感受美的事物的能力。用美的形象和设计感染学生,激发师生的情感活动,从而推动师生的想象和思考,以情感的方式去认识和把握世界。从这个意义上来说,立美不仅能培养师生感知美的能力,而且能增强他们对美的事物的理解能力,以美启真,以美储善,帮助师生认识世界。

那什么是立美美术呢?这要从审美的本质含义说起。从美学上来理解,人本质力量的对象化就是美的本质,其实质是具有自由精神追求的主体实践力量的对象化。立美离不开人,因为美的本质离不开人的本质。立美蕴含着师生主体自由的生命本质,是师生生命自由的感性体现。所以,立美是对人的自由生命的肯定,立美的意义即实践师生自由生命的意义,也是实践师生对人类自由生命力的欣赏。立美美术,顾名思义,是以美为核心,严格按照美的法则和规律进行运作,在美术学科中有组织、有计划、有目的地实施全方位育人的教育活动。其宗旨在于通过立美美术的教学实践,实现以美的体验启迪智慧,以美的追求弘扬真、善、美,以美的教育培养品德,以美的塑造提升审美,从而达到教育与审美的至高融合。

在义务教育阶段,立美美术以大观念解读美的教育,以大格局架构美的文化,以大综合融合美的生长,以大统筹推进美的变革(感知)。立美美术的教育实践活动,需要以这一内涵为基本出发点,包含立美美术的审美感知、立美美术的艺术表现、立美美术的创意实践、立美美术的文化理解,这些核心素养统领教育一切,最终实现育人目标。把立美美术理念贯穿于学生成长的教育活动全过程,以人的发展为本,尊重学生的成长和需要,从情感、态度和价值观入手,追求学生核心素养的和谐发展,在义务教育阶段美术教学中建立美的合乎规律的教育活动的实践过程,将美术教育相关的各方面都变成美的东西,即美的情境、美的内容、美的方法、美的形式、美的手段、美的环境、美的师生、美的氛围、美的管理,从而使义务教育阶段美术成为美的教育,形成美的文化。

二 立美美术的核心理念

立美美术凝练出以美启真、以美崇善的核心教育理念。这一核心教育理念体现了立美美术在塑造个性和培养审美素养方面的卓越实践,应成为教师的学生观、教育观的真实反映,并时刻浸润、体现在教学过程之中。立美美术是一种超越日常生活的精神境界,承载着人类创造力与情感表达的力量。通过欣赏艺术作品,学生可以感受到艺术所蕴含的情感和思想,在审视自身内心世界的同时也能更好地理解他人。因此,以美启真成了立美美术中不可或缺的一环。在新时代中国特色社会主义思想的光辉照耀下,教师坚定不移地贯彻以美育人的教育方针,以核心素养的培养为教学的主轴,鼓励学生积极参与到多姿多彩的艺术实践中,让他们在体验中感受美的魅力,在欣赏中提升美的鉴赏力,在表现中展现美的创造力,在创造中拓展美的无限可能。丰富学生的审美经验,深入学习和领悟中华民族的艺术精髓,增强对中华民族文化的自信与自豪;了解世界文化的多样性,开阔艺术视野。充分发挥艺术课程在培育学生审美和人文素养中的重要作用。通过培养学生对艺术作品的欣赏能力和审美品位,立美美术致力于激发学生内在审美情趣,并培养他们对世界各种表现形式的敏感度。此外,立美美术注重培养学生的创造力和表现力,鼓励他们在艺术创作中发挥自己的想象力和独特性。通过感知美的经验,学生能够在艺术创作中找到真我、表达自我。

除了以美启真,立美美术还秉持着以美崇善的理念。立美美术重视学生在学习过程中的艺术感知及情感体验,激发学生参与艺术活动的兴趣和热情,使学生在欣赏、表现、创造、联系/融合的过程中,形成丰富、健康的审美情趣;强调艺术课程的实践导向,使学生在以艺术体验为核心的多样化实践中,提高艺术素养和创造能力。通过观察和研究艺术作品中蕴含的道德与伦理价值,学生能够在审美的过程中汲取人文关怀、价值观和道德理念。立美美术希望通过审视艺术作品中所呈现出来的善与美,鼓励学生在日常生活中追求善良、关爱他人,并树立正确的道德观念。

此外,立美美术强调以"德"育"心",认为艺术教育不仅仅是对技巧和表现形式的培养,更是一种思想与情感层面上的涵养。通过参与创作过程,学生能够培养自律、坚持不懈、协同合作等价值观和品质。这种启发式的、情感驱动式的教育方法,可以激发学生内心的创造力和潜力,培养他们成为有个性、有情感的个体。

立美美术注重以美启真、以美崇善,通过培养学生对艺术的欣赏眼光,帮助学生认识美丽与真实之间的关联,并在艺术创作中找到真实自我。同时,在欣赏艺术作品中培养学生修养和人文关怀,以及树立正确的道德观念和价值观。通过以美启真、以美崇善的核心教育理念,立美美术致力于培养全面发展并具备独特审美眼光和价值观的新一代人才。

三 立美美术的基本特征

当前,社会、经济和文化发生着日新月异的变化,互联网正在全球范围内催生重大变革,它的影响力之深远,甚至将在美育史上留下界碑式的印记。互联网为我们带来了新的观念和思维方式,也在深刻地刷新我们对美育的认知。它所营造的虚拟环境正在改变美育的氛围和组织形式,也为美育活动提供了新的场所和平台。同时,互联网作为一种社交工具和艺术手段,催生了众多全新的文艺作品、文艺现象、文化活动和文化群落,极大地丰富了美育的手段和资源。立美美术倡导让美育融入生活,让每一个人都能在生活中发现美、欣赏美、创造美。在整个美育生态正在经历着深刻的重构的背景下,"互联网美育"应运而生,迅速成为当前生活方式的新宠。人们可以通过云游博物馆、网络艺术课程、云艺展以及各种美育APP等,轻松接触和体验到美育的魅力。这些新的美育形式不仅令人眼花缭乱,更重要的是,打破了传统美育的界限,让美育更加贴近生活,也让更多的人能够享受到美育的乐趣。相较于"互联网美育",立美美术具有自身的特性,它的存在使得美育具有诸多独特的价值。总的来说,立美美术具有以下几个基本特征。

(一)立美美术本身具有形象性

立美美术的形象性是由美术本身的特性所决定的,因为从审美客体的角度来看,美是一种能体现人的自由的、有意识的创造活动和创造才能、智慧、品格、思想、情感等人的全面本质的,与"真""善"紧密联系的,能引起人的爱悦感情的具体可感的客观形象。立美美术依托这种可感的美的形象和事物实施教学,是在德智体美劳五育中最具形象性特征的教育。此外,学生的美感记忆形成之后,便不再依赖可感的形象就能够复现,但这种美感记忆根本上还是由曾经被某种可感的美的形象和事物所引发的。当学生回想起某种美的体验和美感记忆时,也会立刻联想到与之相关的形象物。更为重要的是,在立美美术实践过程中,美感记忆和美的体验不可能被灌输到学生的意识中,而是要在情境创设中让学生真切感知到美的形象和事物,使其在美的情境中真实体验,从而被感染和熏陶。

(二)立美美术本质的情感性

从学生的主体性角度来看,立美美术本质上是师生面对审美对象而产生的一种愉悦而美好的情感体验,立美的全过程离不开这种情感,无情感即无立美教育。朱光潜曾指出"美感教育是一种情感教育"。这说明美育具有鲜明的情感性,立美的审美过程有认知基础和理性因素。具体而言,立美美术的情感性体现在三个层面:一是立美美术呈现美的形象或事物所带给人的愉悦性的情感体验因美育而引发和唤醒;二是立美美术发挥美育的作用是以情感为中介,以愉悦的情感体验来培育学生的美好情感,用情感来浸润人心;三是立美美术是要实现情感层面的教育目的。总之,立美美术始于情感,经由情感,在情感层面实现教育目的,因而具有鲜明的情感性。

(三)立美美术结构的贯通性

贯通性是立美美术的又一个重要特性。审美快乐不仅来自视觉、听觉等高级感官的感受,而且从这种感受一直贯穿到心理结构的不同层次(如情感、想象、理解),这种贯通性,会使学生整个意识活跃起来,从而使多种心理因素发生自由的相互作用,营造一种既轻松自由,又深沉博大的快乐体验。学生作为主体,从感官到心理由美育的过程贯通,上升到立美实践行为乃至内在精神境界的各个方面。可以说,立美美术影响师生成长的各个方面。在心理层面,立美美术贯通着学生心理结构的方方面面,包括情感、认知、理解、想象等。在教育活动层面,立美美术贯通在生活、学校、自然、社会等各种场景之中,在特定的情境场域形成一个完整的美育链条。与此同时,立美美术的情境教学也会贯通在德、智、体、劳等诸育活动中。德行之美、知识与规律之美、身体运动之美以及劳动创造之美等,都是立美美术活动中重要的美的表现形式和审美对象,因而是完整立美美术情境教学活动的重要构成部分。

(四)立美美术方式的内隐性

在美育领域中,立美美术体现了一种内隐性,表现在三个层面:育人方式、美的内涵和育人效果。这种内隐性催化了师生对美的深层理解和体验。

一方面是立美美术的内隐性方式。立美美术通过润物无声、春风化雨的方式陶冶情操、贯通心灵、完善人性。与传统的训导教化相比,强调通过无形的力量潜移默化地影响学生。教导、强制、说教以及狭隘的教育场景都不适合于立美教育。相反,自然而然、轻松自在地沉浸于体验之中才是实现美育化人目标的途径。

另一方面是立美美术内容本身所包含的内隐性。有些形式美并不会直接显露出来,它潜藏于物象和形象之中,只有靠认知、理解、想象和共情才能够感知和欣赏。尤其是那些饱含思想情感和难以言说意境的艺术作品和人文景观,需要结合文化历史背景、艺术家的经历以及内心境界等要素才能真正领悟和体验到其中的美。有些美是难以言传的,只能抱有意象而不能直接用明确的语言和概念来描述和传递。而这种模糊、朦胧的美感,以及引发想象力和思考的留白空间本身也是一种独特的美。立美美术所体现出来的内隐性育人效果,对学生产生的教育作用也并非短期内能够直接显现出来的,而是要经历相对较长时间才能展现,这需要在教学中慢慢体验和领悟。

立美美术中存在的这种内在之美,体现在育人方式、美学内涵以及个体发展方面。通过将这种内隐性与自发性结合起来,立美美术激发了人们对于美的深刻理解和体验,为学生的成长和全面发展提供了积极的教育影响。

(五)立美美术形式的综合性

立美美术涵盖广泛的内容和形式,体现了其综合性。立美的内容包罗万象,既包括自然美、社会美,又包括艺术美。而且,在立美美术教育中使用的形象或事物往往不仅仅具有单一的美,而是将不同的美元素综合在一起呈现。例如,一幅艺术画作之所以能够跨越时空给人们带来美的享受,不仅仅是因为它在色彩、线条和构图等形式上的美感,还因为它寄托着作者美好的情感和思想,并承载着文化与时代的烙印。只有将这些方面都考虑进去,才能全面地理解作品。

综合性是立美美术的重要特征之一。通过培养学生对各种形式、内容和元素的感知与理解能力,可以锻炼学生发现、感受、欣赏、鉴别、表现和创造美的能力与素养。这种教育不仅对审美教育有助益,更重要的是在启迪智慧、培养品德方面具有深远的意义。立美美术可以充实情感,陶冶人格,促进人们全面发展。立美美术的综合性为师生提供了丰富多样的视角和体验。通过立美教育,师生可以学会从不同的角度去观察和理解事物,培养独特的审美观点。同时,立美也能够影响学生的情感和态度,让他们的情感得到丰富,内心的情绪体验得到提升。通过对美感的追求和欣赏,可以培养积极向上、善于思考、善于创造的品格。通过深入理解立美美术的综合性,师生可以更好地认识立美教育的重要性和影响力。只有将立美美术作为一个全面的教育领域来发展,才能够为师生的成长和社会的进步作出更大的贡献。

当今,学生的全面发展受到社会各界的高度重视。立美美术作为一种综合性教育内容,在塑造完整个体方面具有独特价值。其不仅能够开阔个人审美视野,还能够激发创造力,并对思维和情感产生积极影响。因此,教师要重视立美教育,注重培养学生对多元美学元素的理解与欣赏能力,以促进学生全方位、多层次地成长与发展。

(六)立美美术形态的高阶性

美的享受、美的追求、美的创造是人类在物质需求得到满足后更高层次的需要。审美与立美活动具有日常性和普遍性，以及相对独立于其他意识形态和文化领域的特点。而师生在满足了生存需要之后，渴望在非功利层面上体验和追求美，从而进一步创造出更为美好的生活境界。劳动的初衷主要是为了生存，而非追求美。然而，一旦基本生存需求得到满足，劳动者便会积极追求劳动产品的工艺之美，并赋予其更多富有审美价值的元素，使实用与审美达到融合。这显示了审美、立美作为人类高阶需求的重要性。因此，我们有必要进行以满足师生审美和立美高阶需求为目标并发展相关能力和素养的美育。无疑地，此类教育本身也具备高阶特征，并且可以被视为教育达到最高境界时所能取得的成果。

美育的重要性在于引导师生超越物质需求追求更高层次的自我实现，促进全面发展和个体价值的挖掘。借助于美育，师生可以进一步培养和提升对美的领悟力、鉴赏力、创造力以及对艺术作品和文化传统的理解。这一过程有助于师生更好地理解美并与美进行对话，同时通过美的体验和创造将自己的生活提升到更高的层次。通过培养审美能力，学生可以拓宽眼界，加深对世界多样性和复杂性的理解，并从中汲取灵感和能量。

(七)立美美术精神的广泛性

费孝通先生提出的"各美其美，美人之美，美美与共，天下大同"的理念，表达了处理不同文化关系的广阔视野，即尊重自身之美，欣赏他人之美，互相赏鉴，共同创造多姿多彩的世界。互联网美育对立美美术的冲击表明教学应该回归美的本体反思，明确立美及美育的标准，并始终以提升国民素养和促进人类社会的进步为己任，从而真正体现当代中国美育的精神。互联网美育全球化的视野体现在两个方面：一是具有开阔的眼界和包容的态度，能够兼收并蓄各种文化和艺术形式；二是注重培根铸魂、传承文脉，弘扬中华优秀传统文化。

在与世界的交互、交流与交往中，美育树立以生活为基础的命运共同体理念，以兼收并蓄的"中和"精神为指导，汲取美育之精华，发展具有中国审美风范的美育模式，同时延续中华美育"生生不息"的独特精神内核。美育在培根铸魂、文脉传承方面具有独特效应。教学中展示、传递中国先进文化中的美育资源与理念时,立美美术立足于"传递中式生活之美"的文化立场。利用自然、悠远的审美标准和审美理念以及真善美合一的创美实践,立美美术教学情境创设致力于展示审美力与创美力,从而传递中国形象,构建中国话语。这是全球化视野下美育的应有之为,也是立美美术所追求的理想境界。

立美美术强调在利用现代技术呈现传统美育资源时,必须保持历史的视角,尊重历史和文化传统,同时也注重创新和现代性。只有这样,才能真正实现中华优秀传统文化的传承和发扬,展现中国的审美力和创美力。自古以来,中国美育一直肩负着人格养成和民族图存的重要使命。目前,国内的美育实施主要采用自上而下的方式,由国家推动学校、家庭和社会三位一体的美育实践。然而,这一战略实施中的最大挑战在于师生对文化艺术生活品质的追求与美育发展不平衡之间的矛盾。教学内容遵循新时代中国特色社会主义文化体系中的美的标准,让师生能够体验、创造中国之美,实现新时代的美育启蒙。

美是一种感知能力,因此,美育首先要利用信息技术手段打开人的感官,让外部世界以各种色声香味触的形式进入到生命体内部。通过"感受—感知—感染—感悟"这一审美体验过程,师生可以养成完美的人格。通过互联网覆盖面广、传播速度快等特点,可以形成良好的美育风潮,实现个体与社会的统一,从而推动国民素养的提升和社会的进步。这是立美美术所倡导的美育理念和实践方向。

综上所述,立美美术作为满足人们高阶需求、发展相关能力和素养的教育形式,具有非常重要且独特的意义。通过推动立美教育,教师能够引导学生更好地欣赏、追求、创造美,从而提升个体生活的质量和全面发展的机会。

立美美术作为一种教育理念在义务教育阶段美术教学中的落实,需要运用合理而有效的教学手段,其主要是借助审美活动,创造审美情境,按照美的规律,在真和善的基础上,把握现实的自由创造性实践,对学生施加美育影响,进而塑造学生的美好心灵。为立美美术开辟新道路,使美育教育向更高层次发展,在义务教育阶段美术课程中开展情境教学,能进一步优化教学方式,提升课堂教学效果,从而使学生真正体验到生活之美、教学过程之美、学习过程之美、社会之美,培养学生的思想美、品德美、行为美。教师依照情境教学的原理,按照美的标准,在美术教学中培养学生的情感和人格,使学生拥有辨别是非的能力,逐步形成基本的善恶和美丑观念,为课程的推进奠定教学基础。

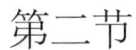

第二节 美术情境教学的内涵及思想

情境教学是由国内情境教学的先驱李吉林老师用五十几年根植一线的教学经验,通过长期实验和研究,创立的适合我国学生学情的教育模式。它通过图画、音乐、表演、实物等手段创设情境,将儿童情感活动与认知活动结合起来,使儿童在学习的过程中身心愉悦,产生内驱动力推动自身全面发展。[①]

教师对美的追求一直深埋于心,立美美术的前提就是教育本身的美,包括美术情境、教学内容、课程设计之美。按照美的规律进行教学,构成统一和谐的整体,才能实现立美。

美术情境教学的初衷是为了更好地让学生理解和掌握美术知识,促成学生智力和审美表现能力的发展,对学习材料或情境进行有顺序的观察,有条理地帮助学生梳理材料,不至于让材料变得凌乱。这样,学生的思路也会随之条理化。"教学过程怎能丢弃美而单纯进行知识教学呢?"李吉林老师提出的情境教学"真、美、情、思"四元素中,"真"被放在首位,理性逻辑是一以贯之的主线,"美情思,根本目的都是为了求真"。"真"即是通过美的感知、激发美的情感,以促进思考,掌握知识,提高思维与认知能力。这也是情境教学不仅让学生愉快,而且实实在在学有所获的原因。这种强调情境与逻辑相关联,"外在形式与内在逻辑完美统一"的教学,也称"审美化教学"。[②]在这样的教学中,情境的设置越具体、越富有细节、越贴近学习者的生活经验,越能让学习者"身临其境",越能促进学习者获取知识。真实情境的引入使得课堂变得生动、活泼,更能激发学生的学习兴趣,促使他们更好地理解学科知识的意义。[③]这种教学在国外也称为情境化教与学(contextual teaching and learning),目的是促使学生在所学的学科

[①] 王灿明.情境教育四十年的回顾与前瞻[J].南通大学学报(社会科学版),2020,36(2).132-140.

[②] 赵伶俐.审美化教学论[J].西南师范大学学报(人文社会科学版),2000,26(5):108-114.

[③] 郭艳芳.情境的二重性与中介作用——探讨促进学生发展的情境教学路径[J].四川师范大学学报(社会科学版),2021,48(4):126-131.

知识与现实生活之间建立联系,让知识与思维这些抽象的内容和思维过程变得直观,即变抽象为高度具象的感性体验过程。遵守感性与理性高度融合的特性与规律,由此产生的审美过程才具有在身心快感基础之上的高度精神美感体验。

一 情境教学的内涵

情境教学是一种创新的教学方法,它强调在教学实践中,教师精心设计并营造出具有鲜明情感色彩、以形象生动为核心的场景,旨在激发学生的情感共鸣。通过这种方式,学生能够在具体的情境中体验和感知教学内容,从而加深对知识的理解和掌握,并促进其认知、智力和情感等多方面的发展。在界定情境教学的概念时,要始终坚持以学生为中心的原则,强调学生在教学过程中的主体地位。著名教育学者钟启泉教授指出,情境教学的核心在于创设包含真实事件或问题的环境,使学生在主动探索这些事件或解决这些问题的过程中,自主地吸收知识并构建自己的认知结构。

在义务教育阶段美术情境教学中,教师致力于构建一种积极的情感氛围,连接师生间的情感纽带,同时促进认识主体与客体之间的情感交流。这样的教学环境旨在创造出一种理想的美术学习氛围,让美术教学在一种积极的情感氛围和优化的环境中得以展开。在这个过程中,学生的情感活动将深入参与认知过程,从而有效激发其美术情境思维。通过这种活跃的美术情境思维,学生不仅能够获取知识,更能够培养能力、发展智力,从而实现美术素养全面提升。

(一)情境教学的基本要素及其影响因素

在教育领域中,教师认识到情境教学对于提升教育质量起着非常重要的作用。而要实现有效的情境教学,首先需要创设出一个良好的情境。那么,什么样的情境才是"良好的情境"呢?经过研究和实践,发现良好的情境具备一些关键品质。

首先,良好的情境应该对学习有益。这意味着情境教学的设计要与学习目标相匹配,能够提供学生所需的知识和技能。其次,良好的情境应该能够激发学生的学习动机。通过创设具有挑战性和吸引力的情境,可以激发学生的兴趣和积极性。最后,良好的情境还应该能够实现教育目标。这意味着情境教学中的活动和任务要能够帮助学生达到预期的学习效果。除了上述要点外,良好的情境还应具备其他特点。首先,应该具有一定的吸引力,能够吸引学生主动参与其中。其次,重视整合与过程也是一个重要方面。在情境教学中,不仅仅是传授知识,更重要的是培养学生综合运用所学知识解决问题的能力。因此,在情境教学中需要注重整合不同艺术实践领域或科目的知识,并关注学生思考和解决问题的过程。最后,应该呈现方式多元且自然。这意味着教师可以通过多种方式呈现情境,如文字、图片、实物等,以满足不同学生的学习需求。同时,情境教学应该能够自然地融入教学过程中,不给学生造成人为的压力或障碍。

在过去的学科教学评价体系中,情境教学曾经被限定为"问题情境"。这意味着问题或任务是良好情境教学的必备要素。问题或任务的设置是否恰当,直接关系到该情境创设是否成功,进而影响着情境教学的效果。

总之,在进行情境教学时,教师需要重视情境的创设。通过提供对学习有益、能激发学习动机、能实现教育目标的良好情境,可以提高情境教学的效果,并帮助学生更好地掌握知识和技能。

在借鉴前人研究和结合美术学科教学评价理念的基础上,笔者认为一个良好的教学情境应该包含三个基本要素:情境目标、问题背景、问题或任务。情境目标就是教师在创设情境进行教学时想要达到的目的,可以理解为教学目标。在创设发展学生美术核心素养的情境时,教师需要明确具体的教学目标,即与课程内容相关的具体素养。虽然美术核心素养是综合实现的,但因为不同的教学内容而会有不同的侧重,所以美术核心素养的达成与具体的学习内容密切相关。在创设情境时,教师需要考虑具体内容对学生美术核心素养发展的贡献和能力锻炼。在美术学科评价体系视域下的情境教学背景包括问题背景,其在一定程度上用于触发学生思维。问题背景可以来源于生活实践或学习探索,但需要注意的是,问题背景应与设置的问题或任务紧密契合,而不是仅仅为了创设情境而生搬硬套。问题指的是需要学生回答的疑问,任务指要求学生做某事或完成某个成品。

(二)情境教学的内在品质及其特性探析

情境教学作为一种独特而富有成效的教学方式,其内在品质既显丰富又显简约。情境教学巧妙地融合了多种教育元素,呈现出一种既复杂又简洁的美感,为学生打造了一个充满魅力的知识探索空间。

首先,情境教学的丰富性体现在其对教学内容和形式的多样化处理上。教师不拘一格,灵活运用各种教学手段和资源,创造出形真、情切、意远、理寓其中的学习环境。在这样的环境中,学习不再枯燥无味,而是变得美趣相生、情理交融,充满了吸引力和意义。学生在这样的氛围中,能够更加主动地投入学习,积极思考和探索,从而取得更好的学习效果。

其次,情境教学的简约性体现在其对教学过程的精炼上。教师的教学应努力追求低消耗、高效率的教学效果,通过优化情境的创设,使教学过程更加流畅、自然。在这样的教学中,教师不需要花费过多的时间和精力去准备复杂的教具或设计烦琐的活动,能够轻松自如地引导学生进入情境,展开学习。这种简约性不仅减轻了教师的负担,也让学生能够在更加轻松、愉悦的氛围中学习,提高了学习的兴趣和效果。

再次,情境教学的优化性是其内在品质的重要体现。教学中情境的创设应该是最优化的,能够最大限度地满足学生的学习需求和发展潜力。在优化的情境中,学生可以通过味觉、嗅觉、听觉、视觉、触觉等多种感官渠道来感知和理解知识,从而获得更加全面、深刻的体验。这种多感官的参与不仅丰富了学生的感知体验,也为学生的思维和语言提供了丰富而鲜明的材料,促进了学生的全面发展。

最后,情境教学的趣味性也是其内在品质不可或缺的一部分。教师注重激发学生的学习兴趣和积极性,通过创设趣味盎然的情境来契合学生的心理需求。在这样的情境中,学生能够感受到学习的乐趣和成就感,从而更加愿意参与到学习中来。这种乐趣不仅激发了学生的表达欲望,也点燃了学生乐学的火种,使学生的思绪得以飞扬,展现出无限的创造力和想象力。

综上所述,情境教学的内在品质既丰富又简约,既优化又有趣。教师在情境教学创设的过程中以其独特的魅力吸引着学生走进知识的殿堂,让学生在轻松、愉悦的氛围中探索、发现、成长。因此,教师应该充分利用情境教学的优势,不断创新和完善教学方式和手段,为学生提供更加优质、高效的教育服务。

二、课堂中应用情境教学的意义

在当今社会,教育已经成为国家发展的重要支柱之一。课堂教学是教育的主要形式之一,如何提高课堂教学的质量和效果,是教师需要思考和解决的问题。在新课标背景下,课堂教学不再仅仅是传递知识,而是更加注重培养学生的综合素质和能力。其中,在课堂中创意构建课堂教学情境是一种有效的方法,能够激发学生的学习兴趣和主动性,提高教学质量和效果。

(一)丰富教学手段,提高教学效果

情境教学作为一种教学方法,在国内外已经被广泛实践,且已相对成熟。结合学科特点进行相应教学设计后,情境教学有助于提升教学效果。运用情境教学不仅可以丰富教学手段,为美术教学增添多样的方法,还能促进学生全面发展。情境教学可以锻炼学生的观察力、想象力、逻辑思维以及创造力,符合核心素养时期对育人的要求。同时,从提高学生积极性的角度来看,教师运用情境教学让课堂更具吸引力,使学生更专注、主动地参与学习。学生的参与度提高将对教学效果产生积极影响,教师能更高效地实现教学目标。

(二)增强自身素质,提高专业能力

随着社会的进步和发展,对教师的要求也随之提高。在核心素养时期,对学生有了新的要求,也给教师带来了新的挑战。为了更好地满足核心素养对学生培养的要求,教师需要学习和采用不同的教学方法,以取得更理想的教学效果。在课堂中引入情境教学法,对教师提出了更深层次的专业能力要求。一方面,在创设教学情境时,教师需要认真思考如何更好地激发学生的兴趣,因此需要提升自身的观察力,以全面了解学生。另一方面,教师要将教学内容与实际生活相结合,这也需要具备极丰富的专业知识。因此,教师不仅需要增强自身的素质,还需要不断提高专业能力。

人教版《美术》八年级上册第三单元"笔墨丹青"第2课《借物寓意》的教学中,在示范写意荷花的画法环节,教师事先准备了四尺三开的宣纸,贴在黑板上给学生示范画荷花。刚开始教师用大笔画的荷叶其实并不好看,但学生很安静,随着叶脉、叶梗、花梗、花朵、花蕾的不断丰富完善,荷花逐渐显形。教师不求形似,注重笔法和墨法进行的写意创作,把国画那种独特的意韵风神和灵动潇洒渐呈现了出来,学生开始轻轻地惊叹:"哇……","真好看……"。整个教室"场"非常集中,这个场景对学生来讲,也许是愉快的审美体验,对教师来讲,也达到了圆满的教学预期。

而在另一个班,教师开始示范国画的时候,学生的注意力便没有完全集中,示范完成后,就有同学讲:"老师,你这幅荷花作品我来给你拍卖,起拍价十元。"马上有同学接话:"我出十一块","十二块"。好几个男生都兴高采烈地投入竞价之中。这些是在校庆义卖之前发生的,可以说校庆拍卖并不是诱因,课堂的走向完全脱离了预期。

以上的片段发生在不同的班级,其中个别班级令人印象深刻:这个班的学生有比较敏锐的审美感受,在教师的示范教学中,学生能在这样的情境场域去感受和表达对美的事物的爱好和追求,学生因审美体验导致的心灵震撼都显得那么水到渠成,油然而生。

(三)适应时代发展,将知识与实际生活结合

义务教育阶段的美术教育的显性目标共有五点,《义务教育艺术课程标准(2022年版)》中是这样阐述的:感知、发现、体验和欣赏艺术美、自然美、生活美、社会美,提升审美感知能力。丰富想象力,运用媒介、技术和独特的艺术语言进行表达与交流,运用形象思维创作情景生动、意蕴健康的艺术作品,提高艺术表现能力。发展创新思维,积极参与创作、表演、展示、制作等艺术实践活动,学会发现并解决问题,从而提升创意实践能力。感受和理解我国深厚的文化底蕴和党的百年奋斗重大成就,传承和弘扬中华优秀传统文化、革命文化、社会主义先进文化,坚定文化自信,铸牢中华民族共同体意识。了解不同地区、民族和国家的历史与文化传统,理解文化与构建人类命运共同体的关系,学会尊重、理解和包容。

围绕目标,义务教育阶段美术课程内容以艺术实践为基础,以学习任务为抓手,有机整合学习内容,构建一体化的内容体系。美术学科课程内容包括"欣赏·评述""造型·表现""设计·应用""综合·实践"4类艺术实践活动,涵盖16项具体学习内容,分段设置不同的学习任务,并将学习内容嵌入学习任务中。此外,又按三个维度来表述,即知识与技能,过程与方法,情感、态度和价值观。

相对于其他艺术知识结构,"设计·应用"类艺术实践的知识内容具有时代性和生活化的特点,教学内容越来越顺应时代发展。如果教师不转变思维,仍然使用之前的教学模式,就会导致知识与时代脱节的情况。这样教授的内容只停留在课本上,无法让学生将所学知识应用于实践,为社会服务。针对这种情况,情境教学强调结合社会实际和学生身边的生活进行教学。教师在教学中创设真实的情境,使课堂学习对学生来说更像是在生活中学习。美的意识形态存在于客观现实之中,教师在教学过程中所展示的教学思想、教学语言、教学情感、教学方法、教学规律等,都是在美的意识形态下进行的。这就需要我们时常去感悟、发现、运用。

三 开展美术情境教学的主要思路

在义务教育阶段开展美术情境教学应避免单纯的"说教",可以引入一些有一定情绪色彩的、以形象为主体的生动具体的场景。在美术情境教学中还需要生发和学科相关的"问题",进而在发现、分析和解决问题的过程中,使学生的心智和能力方得到涵养和提升。

(一)深入解读教材,激发思考

教材是美术教学的重要媒介。在义务教育阶段美术教学中,教师通过创设一定的情境让学生多感官参与、体验美术活动。美术教学中开展与立美相关的教育教学活动,是对学生进行立美教育的辅助途径,情境教学活动的开展是教学设计和承载美育内容的重要形式,这就意味着情境教学活动的目标定位要明确恰当,学生积极参与,师生配合默契,体验活动充分精当,使理论性与实践性相统一,学生在感性上得到满足,产生进一步的美感体验,在立美的感官中把理性的知识与感性体验结合起来。

(二)回归生活实践,外化美育

开展美术情境教学是为了培养学生发现美的能力、鉴赏美的能力、创造美的能力,使学生拥有美的情操及素养,从而为实现创造美好生活而努力。对学生来说,知识来源于生活,最终回归于生活。情境教学的落脚点始终是生活,在生活中应用审美能力、审美素养,去激发学生热爱生活的兴趣,形成积极向上的生活态度。将情境教学活动融入美术课程教学,目的是帮助学生牢固树立正确的审美观念,培养学生高尚的审美能力、高洁的审美素养、高雅的审美情趣,使学生不仅能够做到内化于心,还能在实践中将美育内容实现外化于行,着力提升学生的审美能力,培养良好的美育修养。

(三)发展情境教学,入境深意

教师在课堂中根据教学环节的需要,设计富有层次的教学情境,使学生在课堂环境中身临其境地去感悟美。教师还应把握住学生心境和教学情境的转变关系,预设符合心境变化规律的教学情境,有效推进教学。

第一,入美境,深意境。学生在课堂上的体验影响着他们的学习热情。教师通过创设一个美的情境来调动学生的感官,使他们在情境中感知美、体验美,从而加深他们对教学内容的理解。同时,课堂情境的变化随时影响着学生的情绪,亦能调动课堂的气氛。如讲授与风景相关的内容时,教师可与学生分享看到美景时的心情,与他们谈心互动,将他们的情绪逐步引入课堂。经过情感铺垫,学生心潮澎湃,一个个家乡的名胜古迹在他们的脑海中浮现……教师通过"走情""走心"的教学情境营造良好的氛围,激发学生的学习动力。

第二,入乐境,深艺境。"乐境"指的是音乐情境。音乐与美术分别是听觉和视觉的艺术,两者相结合能引发人们独特的心理感受。如人教版《美术》八年级上册第三单元"笔墨丹青"第3课《寄情山水》的水墨画教学中,教师在对水墨韵味的分析过程中引入音乐,让学生通过音乐节奏来感受墨韵的变化。学生感受到墨韵的变化是一种有生命力的变化,墨韵不仅看得到,还能听得到,从而学生真正感受到了绘画作品的生动性。在学生创作过程中,教师也会适当地播放不同风格的音乐,学生在音乐中创作水墨作品不仅能够放松心情,也能用水墨表现出墨韵的丰富变化。

第三,入画境,深意蕴。义务教育阶段美术课程的目标是培养学生健全的人格,使学生在学习知识的基础上进行情感的升华。在中国悠久的传统文化中,家和国是密不可分的,我们常说"家是最小国,国是千万家",这种深厚的家国观念刻在世世代代中国人的基因里。例如,教师在讲授"年画"内容时,可以尝试在课堂中营造过年的氛围,使学生获得积极的情绪体验,且直观地认识年画的吉祥寓意与热烈、喜气的形式美感。在社会心理学中,"情境"是对机体行为产生影响的"环境条件"。作为"环境"分析,其具有一定程度的复合性,如物理环境、心理环境、文化环境;作为"条件"分析,它的呈现是为了导向人身心或行为的改变,而不单只是简单地追求愉悦和美好的感受。教师引导学生以"年"为起点,通过"年画美术课"探索家乡的文化资源,理解其中所蕴含的情感意义,进一步理解家国情怀的深情与大爱,最终实现情感的升华。

四 美术情境教学的思想

教师在义务教育阶段美术教学中,通过创设富有美感、智慧和有趣的情境,将知识嵌于情境,生活现于情境,训练融于情境,思想寓于情境。在优化的情境中,学生获得了学习的快乐、合作的快乐和创造的快乐。在学生成长的同时,教师的教学能力也更快地得到了提高。

(一)教学知识线索与素养发展线索的统一

无论是以赫尔巴特为代表的唯理主义,还是以杜威为代表的实用主义,其核心都是强调传统教学中以知识观为特征的工具理性。但这种观念常常只重视知识的专业化和概念形成的逻辑性,而忽视了掌握知识的实际情况、学科间知识的整体联系与功能,以及对学生情感和思维的培养。在美术课堂教学中,我们可以通过有效创设线索,并以多样化的背景作为教学载体,将知识融入背景之中。同时,通过各种不同的探究活动来驱动学生的学习,从而实现对传统知识教学的超越,批判工具理性教学观念,并最终实现传统知识教学与学生素养发展之间的和谐统一。

(二)教学过程逻辑与学生思维发展的统一

美术知识的来源是自然,但经过人类思维的加工和抽象化后成为一种独特的产物。因此,美术知识在某种程度上高于自然。美术情境教学通过引入真实的自然环境,使封闭的美术课堂变得生动、开放和自由。这种具象化的情境创设不仅可以激发学生的学习兴趣和热情,丰富他们的经验和感性认知,更重要的是体现了对学生天性的顺应和生命的尊重。无论是学生还是教师,都向往真实而有趣的自然世界,而具象化的情境创设能够满足学生的心理需求。此外,抽象化的去情境并不是舍弃多彩的自然世界,而是在感性认知阶段的基础上,促使学生从感性思维向理性思维飞跃。这正好回应了学生心理成长的需要。最后,应用化的再入情境旨在将学生已经形成的思维和能力与现实自然再次连接起来,进一步巩固和提高学生的思维和能力水平。因此,从整体来看,美术情境教学的三个阶段与学生心理发展过程在形式和内涵上具有一致性,情境教学实现了教学过程逻辑与学生思维发展的和谐统一。

(三)对于"真、美、情、思"教学观的致敬与传承

李吉林老师所提出的小学语文情境教学的四大核心元素"真、美、情、思",不仅适用于语文课堂,也对立美美术课堂具有指导意义。美术与语文虽然有着不同的表现形式和内容,但它们在教学的本质和内涵上有着高度的一致性。因此,美术情境教学可以被视为对"真、美、情、思"四重境界的传承和发展。首先,美术之"真"并非只是追求生活的真实再现,更要关注自然现象背后的科学真理。美术作品应该通过描绘自然界的万物,反映出其中蕴含的规律与原理。比如,在绘画风景时,不仅要准确地表达景色的外观,还要表现出光影变化、气候变迁等自然现象背后的科学机制,以增强学生对自然规律的理解。其次,美术之"思"并非只是艺术对社会人生、世间百态的思考与表达,更要关注对自然现象、规律原理的思考。通过美术表现,学生可以观察、思考并表达自己对自然界的认识和感悟。例如,可以通过绘画展现创作构思的过程,或者通过雕塑呈现立体作品等,从而培养学生对美术的好奇心和思维能力。最后,美术之"美"也不仅局限于人文精神之美,更需要追求人文与自然的和谐统一之美。美术作品应该体现出人与自然和谐相处的理念,弘扬保护环境、珍爱生命的价值观。通过美术情境教学,可以引导学生欣赏自然风景、传统文化艺术等,培养他们对美的独特感受和审美能力。因此,美术情境教学是对李吉林老师"真、美、情、思"经典情境教学观的致敬与传承。在立美美术教育中,教师应当注重创造真实情境,让学生深入了解自然规律;鼓励学生思考并表达对自然界的认知;同时,通过美的表现形式,培养学生对美的感受和追求。这样才能使立美美术教育真正融入学生的成长过程,从而发挥其应有的教育价值。

(四)调动深层体验,促进教学过程与育人价值相融合

立美美术课堂中的美术学习活动可以把学生置于复杂、有意义的问题情境中(这种情境是混乱的、结构不良的,需要学生自己去分析、研究)。同时,学生在与同伴共同探究与合作的过程中一步一步地解决问题,并建立广泛而灵活的知识基础。立美美术情境教学的内涵在于通过营造富有艺术氛围的教学环境,激发学生的深层体验,实现教学过程与育人价值的和谐统一。美术作为一门充满体验性与趣味性的学科,其独特的价值在于能够促进学生感受、体验、内化的协调发展。《义务教育艺术课程标准(2022年版)》强调了教学过程中要善于利用

多种媒材,发挥其特性,展现多样的表现形式、形象与意境。通过这样的方式,能够充分调动学生的多种感官,包括听觉、视觉、触觉和动觉,使他们能够深入体验艺术的魅力,进而丰富精神世界。

以影视学科八年级记录生活学习任务中的《为厦门漆线雕代言》教学为例,教师巧妙地设置了生活情境,引导学生现场拍摄并剪辑完成《我是漆线雕代言人》宣传短片。学生将作品上传至网络平台与大家分享,并积极参与评价。在这一过程中,教师聚焦了作品拍摄中的两个核心问题——"主题如何确定?"和"转场如何实施?"。通过分享央视新闻官方视频,教师引导学生深入探究其高点赞量的原因以及转场的巧妙处理。在此基础上,鼓励学生分析自己拍摄视频中存在的问题,并提出改进方法。经过指导,学生进行了二次拍摄和剪辑,作品质量得到了显著提升,获得了众多网友的认可与支持。

这一教学过程充分体现了美术情境教学的思想。学生在主动参与、积极实践的过程中,不仅提升了视频制作技能,更在宣传厦门漆线雕工艺文化的过程中增强了责任意识,树立了文化自信。学生通过亲身实践,实现了知识的主动建构和内在生长,同时也让优秀传统文化得到了传承与弘扬。这样的教学方式不仅有助于学生的全面发展,更能够培养他们的审美情趣和创造力,从而实现美术教育的育人目标。

立美美术情境教学中对核心素养、真实情境和课程内容之间关系的理解,蕴含了学校学习方式变革的内在要求。核心素养是个体在与各种真实情境持续的社会性互动中,不断解决问题和创生意义的过程中形成的。培养学生核心素养,需要让他们置身于各种复杂的真实情境,在有意义的任务和活动中不断实践、反思、讨论和质疑,学会整合、应用已有知识与经验,分析、解决各种复杂和陌生问题。这就需要扬弃知识取向、教师讲授、操练为主的传统教学模式,转而追求素养本位的、探究结构化知识和技能、思想方法的模式,从而深刻理解特定情境,明确问题,形成假设和解释,建立清晰的情境、活动和结果之间的内在联系与依存关系,孕育核心素养的萌芽和成长。

总之,美术情境教学是一种有效的教学方法,能丰富学生的经验和感性认知,推动感性思维向理性思维转变,符合学生心理发展需要。其将教学过程与学生思维发展有机结合起来,有助于实现教学的效果和学生的成长。

第三节 立美美术情境教学的理念建构

立美美术情境教学建构的过程中,教师必须具备立美情境思维,即立美情境教学的系统思维、教材内容的整合思维、教学实施的问题思维、立美美术课程教学的逆向思维,构建出独特的立美美术情境教学思维系统,彰显教师的深厚功底、独特思维。

义务教育阶段美术采用情境教学旨在通过立美美术情境思维的创造,营造具有现实意义和情感共鸣的学习环境,激发学生的学习兴趣和创造力,培养学生的综合素质。立美美术情境教学理念建构注重与现实生活的结合,强调将情境创设作为一种表达方式来触发学生对现实世界的思考和感悟。通过引入各种真实或虚构的情境,如社会问题、历史事件、文化传统等,让学生在创作过程中深入了解并表达自己对这些情境的理解和感受。

立美美术情境教学是一种以情境为基础、注重互动与合作、尊重学生主体地位、实践与理论相结合的教育模式,其基本理念包括以下方面。

一 以美化人,学科的价值观

《义务教育艺术课程标准(2022年版)》对课程性质有一段完整的叙述:"义务教育艺术课程以立德树人为根本任务,培育和践行社会主义核心价值观,着力加强社会主义先进文化、革命文化、中华优秀传统文化的教育;坚持以美育人、以美化人、以美润心、以美培元,引领学生在健康向上的审美实践中感知、体验与理解艺术,逐步提高感受美、欣赏美、表现美、创造美的能力,抵制低俗、庸俗、媚俗倾向;引导学生树立正确的历史观、民族观、国家观、文化观,增强爱党、爱国、爱社会主义的情感,坚定文化自信,提升人文素养,树立人类命运共同体意识,为实现中华民族伟大复兴而不懈奋斗。"其强调了美术学科的作用和地位,反映出美术学科具有审美性、情感性、实践性、创造性、人文性等特点。在立美美术理念下,美术情境教学重视学生的实践与体验,其旨在通过实践和互动体验,让学生深入理解艺术知识和技能。教师可以组织学生参与艺术创作、观摩艺术表演、参观美术馆等,让学生体验和感受艺术的魅力。

无论从哲学还是从心理学来说,真、善、美(或知、情、意)三方面就其内在本质而言是密切相连的。审美的实质是师生自由生命的达成与观照,审美的精神是师生对自身自由生命力的不断追求和形象观照。立美美术教育不只是为了审美,她必然要与教育的求真向善目标相关联。因此,立美美术的目的性是其他学科所不具备的。立美美术课程教学,不仅关注艺术之美,还关注自然之美、科学之美、社会之美、生活之美。以美为视点,透视和联结义务教育阶段美术各年级各类课程,使美术课程成为无处不在的美和美育,在情境教学活动中处处留心传播美,时时用心感受美,事事关心展现美,常常尽心实践美,每每专心品味美,在美术学科教学活动中不知不觉受到美的感染与熏陶,自然而然地接受正确思想,自觉自愿地塑造良好品行。

二　继承发展,课程的建构观

现代立美美术教育观的建构,从根本上说是中小学美术教育对立德树人、审美精神的教育学借鉴与吸收。为此,从理论到实践上实现立美美术的价值追求,就必须改变以往对教育的认识。除从教师习惯的角度去认识外,还要从美学的角度去认识。从教育主体到教育客体,从教育内容到教育形式,从动态的教育过程到静态的教育对象,在义务教育阶段美术教学中加强对整个教育活动的审美性认识,深入挖掘其内在的立美意义,结合中小学美术情境教学,研究教育过程中立美美术的教育机制等问题,实现教育活动中求真、向善、立美的有机统一。

聚焦审美感知、艺术表现、创意实践、文化理解等核心素养,围绕欣赏(欣赏·评述)、表现(造型·表现)、创造(设计·应用)和联系/融合(综合·探索)四类艺术实践活动,以任务驱动的方式遴选和组织课程内容。课程内容坚持以中华优秀传统文化为主体,讲好中国故事,吸收、借鉴人类文明优秀文化成果,追求精神高度、文化内涵、艺术价值相统一。作为国家统编教材,组织课程内容时,教材内容应发挥其系统性、专业化的优势,运用情境教学,使中小学美术课堂教学不仅能适应课程改革统整与开放,以及信息化和综合化的趋势,而且能真正拓展师生的视界,丰富学生的体验,进而发挥"促进学习者自身去创造新知识框架的能力",推动课堂教学从"记忆教学论"向"思维教学论",从"划一教学"方式向"合作教学"方式的转变。《义务教育艺术课程标准(2022年版)》对情境教学进行了美术教育的本体性思考和方法论上的指点,如其中明确在教学提示中,分学段给出情境素材建议:教师要创设丰富多彩的教学情境,综合运用多种教学方法和形象直观的教学手段,结合不同年级学生的生活经验,围绕本学段的学习任务,挖掘与学生生活经验相关或学生感兴趣的素材。结合学生的身心特点和学习能力,围绕与学生日常生活经验、社会经验相关的美术学习活动及综合化的学习活动,开展探究性学习、自主学习、合作学习,以及基于问题的学习、基于项目的学习、基于案例的学习等。

立美美术理念下课程建设愿景是一个学校办学理念的下位概念,是基于"办怎么样的学校"而实施的"怎样办好学校"的实践蓝图与行动纲领。提出立美美术课程建设愿景,以"立美"理念统整课程以及"审美化教学"课型整合为突破口,经营审美化的校园文化,让每个学生都喜欢上美术;积极建构融"审美教育观"的"立美"课程体系,使国家课程、地方课程、校本课程三者以立美美术为起点,各自独立又相互联系、相互支撑、相辅相成,以美修德、以美怡心、以美益智、以美健体、以美雅兴,形成全域美育、全员美育、全程美育,以美育人。

基于这种愿景,教师必须依据《义务教育艺术课程标准(2022年版)》的相关理念,努力改变思维定式,寻找教材与情境教学相融合的教学内容,设计符合学生认知特点的教学方式,实现无用与有用的辩证统一。实际上也是以立美美术为一个视角,为探究美术有效教学开辟一条新的途径。

为了实现教材实用性、可读性和学理性的统一,笔者做了较为充分的准备工作,如调查研究不同年级学生对教材的习得情况;探索情境教学设计途径与实施策略;研磨情境教学的模式和对中小学美术教育教学发展的推动作用;认真研读教材,了解教材的分类、结构,以及分类之间的联系与区别,教材的设置等,努力尝试以现行中小学美术教材为依托,实现二者的有效对接。

把情境教学作为课题进行研究,提高课题研究理论水平;通过同备一节课、同说一节课、同上一节课活动,提升自身的教学境界,并有意识尝试将相关情境教学资源纳入课题,使之成为有机教学内容。比如在教授人教版《美术》七年级上册第一单元"什么是美术"第2课《美术是个大家庭》这一课时,教师创设了一个美术大家庭的生活情境,在这个大家庭中有四个成员,分别是绘画、雕塑、工艺美术和建筑。教师着力于引导学生了解家族成员成长的过程,以及这些成员间的关系,帮助学生了解美术大家庭中的物质及精神文化现状,从而让学生纵向地了解不同时期的家族成员的风格如何具有明显的差异和有序的演变规律。把美术大家庭中的绘画、建筑、雕塑、工艺美术里边相关的美术本体知识和动人的情境故事串联起来,彰显美术教学的文化价值。

三 全境感悟,教学的实践观

从立美美术与教育教学的思维心理活动特点来看,在立美与教育教学活动中,师生都必须调动主体的感知、情感、想象、理解、判断等一系列心理要素,通过立美美术观建立起实现课堂教学中师生信息交换、信息流通渠道,提高审美素养来保证教学活动顺利有效地进行。这样的教学实践的结果都是外界事物在人的意识系统中内化的产物,而立美美术教育正是以内化的程度来衡量其活动的质量的。双方所有的这些共同性为立美美术与学科的融合提供了可能和条件,这也是实现立美价值的教育借鉴的理论依据。

教师需展开对现行美术教学实践的探究。在实践情境教学中,鼓励学生发挥想象力和创造力,培养学生的艺术表现能力。教师可以提供开放性的艺术任务和问题,引导学生自主思考、探索和创作,激发学生的创造力和创新意识。第一步是认真地研读现行中小学美术教材,力争融会贯通。然后尝试把教材中的一些有鲜明文化特色的资源进行整合,把情境教学创设融入中小学美术课堂。例如,人教版《美术》八年级上册第一单元"美术的主要表现手段"第1课《造型的表现力》的教学中,可纵向深度挖掘,唤起学生对构图和色彩等相关知识的审美关注。通过单元目标设计及教学重点分析,体验和探究造型表现等技法,感悟美术作品的人文内涵以及艺术风格,提高艺术鉴赏水平和美术实践能力。情境教学设计的重点在于对"造型·表现"领域的认识和理解,以及与学生生活的联系,突出学生学习探究的主动性,让学生学会更加理性地去学习教材的知识内容。

另外,教材的情感目标的培育也是必不可少的。通过对美术作品的介绍,带领学生了解美术的内涵及思想,增强学生的文化理解,从而激起学生的情感、态度和价值观,丰富学生的思想感情。比如,人教版《美术》八年级下册第三单元"为生活添情趣"第2课《摆件巧安排》,本课例的美术本体知识架构中,侧重点是家居布置中的美学元素:创造各种摆件;摆件的造型特征和表现手法;以居室布置为主题的摆件设计等。教师在备课的时候先翻阅各种版本的初中美术教材,了解本课应掌握的知识要点,在组织教学中,选择部分知识要点进行讲解,并以废旧材料再利用这个创新点为突破口进行教学,由此找到了实践教学的切入点。教师认真准备教学研究课,验证教学实践的可行性。同时教师根据当时学生的兴趣爱好,以2004年开播以来风靡全球的动画片《小猪佩奇》为原型,创设了一个家居布置的情境,设置帮助小猪佩奇布置新家活动,让学生认识小摆件,并带着浓厚的个人情感去巧妙安排小摆件。为了能给教材与美术情境教学有效融合提供有价值的借鉴作用,教师准备了丰富的上课材料,并让学生带上自己家里的小摆件在课堂上分享,力求使课堂取得实效。而在组织课堂教学中,教师重点关注摆件的整体之美和细节之美,进行摆件设计制作的横向和纵向比较。

四 创生取向,学习的体验观

艺术核心素养是课程育人价值的集中体现,是学生通过课程学习逐步形成的适应个人终身发展和社会发展需要的正确价值观、必备品格和关键能力。审美感知是对自然世界、社会生活和艺术作品中美的特征及其意义与作用的发现、感受、认识和反应能力。审美感知具体指向审美对象富有意味的表现特征,以及艺术活动与作品中的艺术语言、艺术形象、风格意蕴、情感表达等。审美感知的培育,有助于学生发现美、感知美,丰富审美体验,提升审美情趣。在立美美术理念下,美术教学内容包含知识与技能等学科知识,学生每天的学习生活环境也就成为立美美术教育的出发点和突破口。情境教学以学生为中心,注重学生的主体地位,关注学生的兴趣、需求和个性发展。教师了解学生的艺术背景和能力水平,根据学生的特点和需求进行个性化的教学设计和指导。

毫无疑问,美存在于具体环境、具体现象、具体事情、具体行为、具体物体之中,对学生进行美育,在学生的心中"立"起一种"美",美的体验、美的情感、美的追求、美的品格。环境对学生个性发展有着巨大的作用,让学生在享受美术学习的快乐的同时,帮助他们正确认识自己和周围的情境,获得生活、学习、做人的基本态度和技能,养成良好的学习、生活和行为习惯,形成良好个性和情感的心理品质。

学生习惯欣赏美丽的风光、美丽的家乡、美丽的校园及科幻卡通漫画等题材及形式的作品,但怎样在情境教学的基础上,把他们产生的感性意识通过画面表现出来,并且富有本土特色,还需要有一个过程。立美美术教学中,美术创作中的艺术形式及内容丰富多彩,但要找到一条与学生课堂美术相结合,并能够用直观情境创设的形式表现出来的途径,并非易事。我们可创设绘画的情境,让学生在熟悉的情境中多画写生,以取得大量素材。比如在《闽南乡土美术》教学中,闽南民居都是翘角,非常漂亮、独特,教师组织学生欣赏闽南民居、嘉庚建筑,将闽南童谣改编成有情节的画面,带领学生到民俗现场画民俗活动,感受氛围,到鳌园参观,观看影雕老艺人表演,还把集美学村、鳌园雕塑等资料拍成照片,用投影的形式讲解给学生听,多方面、多角度地丰富学生的思想宝库,强化学生意识,让学生在脑中留下印记,从而内化成自己的审美经验。

五 完全美育,师生的发展观

新课标背景下的艺术教育是理性和严谨的,需要教师秉持正确的价值观念,对美术的知识、技能进行筛选,并使之转化为课程学习内容,进而培养学生的"图像识读、艺术表现、创意实践、文化理解"四大核心素养。师生在情境教学的美育实践中一起聚焦美的视点,一起进步,一起成长,发掘审美潜能,规划美育未来,至美创新精神,涵美人文情怀,健美身心素质,提高审美素养。

立美美术情境教学的核心与创造的动力正是学生,站在学生的角度,是一切教育智慧产生的源泉。坚持以学生发展为本的教育理念,强调学科育人价值,强化素养立意的教学要求,实现从以学科知识、技能为本到以促进学生的全面发展为指向的核心素养的培育转变。在核心素养统领下,构建"教—学—评"一致的教学体系。把激发兴趣与学习内驱力、尊重差异、增强自信、发展素养、形成特长等作为教学基本要求,充分体现核心素养的具身性特点。

立美美术理念下美术情境教学强调将学习情境与现实生活相结合,通过创设具有情感和情境特点的学习环境,激发学生的学习兴趣和主动性。教师可以运用真实的艺术作品、艺术展览,让学生身临其境地感受和体验艺术。坚持以立美美术为教育的突破口,为学生创造良好的学习和生活环境,坚持优化校园的整体育人环境,以提高学生素质、全面优质育人为目的,构筑立美美术教育的全新体系,为塑造学生品格、品行、品位,成就完美人格奠基。

通过将艺术与生活相结合,教师能够将抽象的艺术概念转化为具体、可感知的事物。例如人教版《美术》七年级下册第二单元"春天的畅想"第1课《色彩的魅力》,在学习色彩理论时,可以选择让学生观察自然界中丰富多样的颜色,并引导他们用画笔将这些颜色表达出来。通过这种方式,学生能够更好地理解并应用所学知识。教师尤其要注重两点:一是必要的技法训练,强调基础知识。比如在教授《印象学村——嘉庚建筑》的时候,学生绘画嘉庚建筑的过程中,决不能放任他们毫无目的地自由发展,那样会使他们在原有基础上重复不前。教师需讲授必要的技法,如画面的安排、嘉庚建筑的风格特征、技法的表现等,这些美术基础造型知识是不可忽视的。学生只有掌握一定的技法手段,才能初步体验到创造成功的快乐,从而增强自信,大胆去画,去表现自我个性。二是启发富于想象的构想。爱好想象是学生的天性。可提出问题并给学生思考想象的空间,以让学生加强想象的丰富性,集中想象的方向性。或用可视的形象资料及联系学习、生活中的具体活动进行直观式的启发,帮助学生拓宽思路,提高画面的生动程度。如在教授雕塑知识环节的学生活动中,让学生以小组形式根据自己的想象画浮雕设计草图,结果发现学生画的草图丰富多彩,有故事性的、装饰性的,还有卡通漫画造型的,等等。

六 求真向善,教师的育人观

《义务教育艺术课程标准(2022年版)》中对"坚持以美育人"课程理念完整的描述是:以习近平新时代中国特色社会主义思想为指导,以落实核心素养为主线,引导学生积极参与各类艺术活动,感受美、欣赏美、表现美、创造美,丰富审美体验,学习和领会中华民族艺术精髓,增强中华民族自信心与自豪感;了解世界文化的多样性,开阔艺术视野。充分发挥艺术课程在培育学生审美和人文素养中的重要作用。

立美美术教学主张"真"教学,创造真实情境,培养向善品质。在美术情境教学中，课前用实物导入的方式直观地引出教学内容，让学生初步感受艺术的美；接着引导学生学习美术知识与技能，加深对美术的认识；然后通过实物、图片、视频的形式，让学生了解美术的特征，采用多种方式，听一听、看一看、摸一摸，全方位地欣赏美术；再通过播放教学视频，利用纸张和材料的特性进行绘画创作，了解绘画的画法和构图方式，表现作品的别样美，欣赏不同的表现美的形式，为接下来的创作提供思路；最后通过画一画来表达自我感受，从而创造美；完成后的作品贴在黑板上供大家欣赏，互相学习，集中展评，让学生根据色彩、构图、技法等知识进行点评，表达自己的感受。

立美美术理念下，情境教学注重培养学生的综合能力，包括艺术欣赏、创作表现和批评等方面的能力。教师应该通过多样化的教学活动和任务，鼓励学生全面发展，培养学生的审美能力、创造力和表现力。强调学生之间的合作与交流，通过小组合作、讨论和展示等形式，激发学生的合作精神和团队意识。教师应该引导学生相互学习、相互启发，共同解决问题和完成任务。此外，注重对学生学习过程和成果的评价与反思。教师可以通过观察、记录、作品展示和学生自评等方式，对学生的学习情况进行评价和反馈。同时，鼓励学生对自己的学习进行反思和总结，促进自我发展和成长。

"水至清则无鱼，文至直则无味。"上课亦然，至平则无趣。这就涉及教学方法的讲究了。为了使学生能够更好地把兴趣和知识进行有机的结合，在情境教学中教师可以尝试使用以下几种教学方法，使学生能够在感兴趣的基础上更好地学习地方美术资源课程。

一是图片欣赏法。"百闻不如一见"，在教学前期组织学生进行实地考察，使学生直接接触地方资源。在课堂上运用学生考察的图片和直观形象的插图、挂图、画像、范画等图片材料导入新课，激发学生浓厚的学习兴趣。这是教师在教学过程中常用的方法。通过直观的图片投影，丰富多彩的图片很容易吸引学生的注意力，从而将学生引入课堂教学。

二是兴趣激发法。如在上《记忆集美——旅游纪念品的设计与制作》时，教师先创设一个为集美鳌园设计一个旅游纪念品的情境，让学生对厦门各个旅游景点的旅游纪念品市场进行调查了解，并让各个考察小组阐述考察的结果，根据小组考察内容进行具有特色的旅游纪念品的设计，激发学生创作兴趣。

三是想象激发法。黑格尔曾说过："真正的创造就是艺术想象的活动。"杜威说:"想象力是结合艺术里一切因素的能力,它把各个不同的因素造成一个整体。我们在其他经验里着重表现和部分实现出来的因素,在美的经验里,我们的各种因素完全为一,个别之处全融化了。我们的意识里不觉得有任何个别因素。"但真正的想象是需要有情感体验的,没有情感的作用,想象就成了无源之水,无本之木了,想象的内容是自由的、宽广的。所以,教师在上《龙舟竞渡——集美国际龙舟赛》一课中,通过各种方法,如生动的语法描述,音乐的欣赏,画面的展示,学生的划龙舟表演等,为学生创设情境,从而激发学生的想象力。

四是创作激励法。教师在教学中要注意发挥成功的激励作用,让学生勇于表现自我个性。对学生来说,美术创作有着一定的难度。传统的以临摹为主的教学方式严重束缚了学生的创造意识,绘画中的勇于表现自我,从某种意义上说就是一种成功。因此,要设法消除学生的胆怯心理,帮助他们增强创作的勇气与自信心。在教学中注意激发和保护学生的学习兴趣,引导他们积极地进行学习和探索,培养勇于探索的精神、大胆创造的精神。

现行教育担负着有计划、有目的地运用教育影响,引导或促进学生身心向教师预期的目标转化这样强烈的社会功能。因此,"有计划""有目的""向预期目标转化"等教育的本质特征,规定了教育行为具有一种规范性。外部施予的规范性在某种程度上使学生的行为、活动方式客观地具有一种被动性。这种客观存在的学习行为的被动性与立美美术行为的自由主动性相对立,会形成两种不同的心理状态,其行为也会产生两种不同的心理基础,并会直接影响立美美术教学活动的不同方式。

当我们把握了立美与教育这些不同的行为和心态特征之后,就可以在立美教学活动中借鉴审美活动的自由主动性,调整学生的心理状态,促使其从一种相对被动的状态转为一种自觉主动的状态,从而积极主动地接受教育的规范性影响,把外部规范和内部驱动有机结合起来,顺利完成向立美美术预期目标转化的过程。当然,这种调整和转化工作,有赖于教师对教育活动的科学性和审美性的自觉把握,在进行深入实践并创造性地开展教学活动后,才能真正实现。

七 情态发展,课堂教学的评价观

"围绕学生艺术学习实践性、体验性、创造性等特点,将学生的课程学习与实践活动情况纳入学业评价。明确评价依据,改革创新评价的任务设计、题目命制、评价方式;强调评价的统一要求,重视艺术学习的过程性、基础性考核与评价;尊重学生艺术学习的选择性,以学定考,根据学生的选择进行专项考核,体现教、学、评一致性。"这是《义务教育艺术课程标准(2022年版)》的设计思路之一,体现艺术学习特点,优化评价机制。学校课程的建设,最终要指向学生的发展。立美美术主张"求真而力行、向善而明德、立美而开智",是对"培养什么人、怎样培养人"这个根本问题的解答,也是对学生德智体美劳发展的总体要求和社会主义核心价值观的有关内容的具体化,更是对"立德树人"要求的细化。"求真而力行、向善而明德、立美而开智"明确了学生应具备的适应社会发展需要和终身发展的必备品格和关键能力。一个人不管知识、能力、水平如何,首先要真实、胸怀坦荡、忠诚、积极、正直,要具备个人修养美、社会关爱美、家国情怀美。在"与美同行,伴美成长"的立美美术发展理念的指引和熏陶下,通过教师开展情境教学活动,对学生因材施教,帮助学生看到自身的天赋与个性差异,找到适合自己发展的途径、方法,以得到适合的发展,成为最美的自己。以此教学目标为导向,建立教学评价机制,通过评价引导来改变教师,期望以教师的美好来培养学生的美好。关注学生在各类课程或各个领域中所获得的能力发展,更关注学生在课堂教学活动中所展现出来的情态指标,如情感、态度、价值观等方面的品性之美。用发展的眼光、灵活的方式,鼓励学生多元、自主、可持续地发展,力求为学生量身定做评价方案,展现学生的个性之美。

义务教育阶段的美术课程是将美学和美育的理论运用于整个教育实践过程中,以美学的眼光和美育的思路建构立美美术课程,实施审美化的教育教学活动,在促进学生审美素质发展的同时,促进学生德智体美劳方面素质的全面发展。也就是说,义务教育阶段的美术课程要通过"立美",让学生学会"审美",获得审美能力、学科素养与人文素养的和谐发展。

总而言之,在探索立美美术情境教学的理念建构过程中,教师要深刻认识到模仿、领悟与创造三者之间的紧密联系与递进关系。模仿是美术学习的起点,可以为学生提供直观的感知与体验,使学生在实践中逐渐熟悉并掌握美术的基本要素。通过模仿,学生不仅能够积累丰富的视觉经验,而且能在潜移默化中感受美的魅力。模仿并非终点,真正的艺术学习需要学生在模仿的基础上逐渐领悟艺术的真谛。领悟是一种深度的思考与内化过程,要求学生在理解艺术形式和技巧的同时,能够洞察其背后的文化内涵与精神内涵。创造是立美美术情境教学的最高境界,学生在模仿与领悟的基础上,通过不断实践与探索,逐渐形成自己的艺术风格和表达方式,创造出具有独特魅力的艺术作品。这一过程不仅体现了学生的艺术才华与创造力,更体现了他们审美素养与综合能力的全面提升。

第二章

立美美术理念下美术情境教学的设计理路

"按照美的规律来塑造"是育人的基本准则,也是教学的基本遵循。基于传统范式的镜像观照、审美过程的心理探查和美育发展的时代考量发现,情境教学中学生美术能力的培养要经过感美、创美、立美三个阶段,这也是立美美术教学审美化的设计理路。立美美术理念下美术情境教学以美感为主要线索构建的立美美术情境教学模式,通过创造生动的虚拟现实情境,引导学生从感知美的表象出发,逐步理解和欣赏美的本质,并激发他们对美的追求和表达的热情。为此,需要树立全面而响亮的教学目标,打造诗意而振奋的教学环境,构建丰富而关联的课程体系,培养优秀教师,融入多元而智慧的教学方法,穿插赋权而增能的学生角色,提供及时而智慧的学习反馈,设计自由而具挑战性的学习项目,举办汇报或比赛型审美活动。

第一节 立美美术理念下美术情境教学的设计原理

　　艺术与美、立美与情境是一种天然的结合。义务教育阶段美术情境教学中的立美,"情境"自然是不可或缺的元素之一。将美术教学融入情境,在情境的创设中,强调美术教学内容与情境相结合,从教学目标出发,鼓励学生参与教学情境的创造,通过美术形式发挥学科的教育功能。借助情境教学的魅力,激发学生的学习兴趣,使他们在轻松愉快的气氛中学习知识,感悟道理。

　　义务教育阶段美术情境教学过程中,在面向全体学生的同时,还要关注和尊重每个学生的个性。学生的情感体验、联想、表达、表现都不尽相同,呈现为一种多元的、变化的现象,有相当大的自由度。如欣赏评述一件美术作品,不同的学生有不同的感受,虽然创设的情境是相同的,但学生会按自己的认识和经验,进行创造性的图像识读和陈述。这种差异与学生的主观感受、成长经验、学习体验有关。作为教师要接纳学生的差异性、独特性和创造性,让学生在美的情境中体验到美术学习的乐趣。教师要允许学生按自己喜欢的方式表达,尊重学生无拘无束地发挥自己的想象,表达自己的所见、所感。由此能产生更强的成就感,从而更好地认识自身的价值,改善自我的形象。

　　立美美术理念下美术情境教学模式注重引入情境和感知美的表象。传统的教科书文字描绘的情境常常无法直接让学生真正融入其中,从而难以产生共鸣。而通过虚拟现实技术,教师可以创造出动静相宜、丰富多彩、有声有色、可见可触摸的生动情境,使学生身临其境,深入感受其中的美感。立美美术情境教学模式鼓励学生分析情境、理解美的本质。在虚拟现实情境的图文和语音引导下,学生可以从形式着手,运用概念进行美丑辨别,并作出正确的判断。学生将不再仅仅停留在表面的审美感受上,而是能够透过形式看到美的本质。立美美术理念下的美术情境教学模式营造了一个自由时空,让学生的思维得以自由发挥,也让学生乐于表达、善于表达。学生可以根据自己的理解和感受,创造出属于自己的艺术作品,从而实现学生能力和智力的发展。该教学模式诱发学生审美动因,以真情、热情和高远的意境让师生产生情感共鸣。通过与教师的互动和交流,学生在情感上能够与美产生共鸣,从而产生对美的追求和欣赏。这种情感的激发将进一步激活学生的想象力,促进他们高阶思维的发展。义务教育阶段美术情境教学是一种以情境为依托的教学方法,旨在通过创造具体的情境和场景,引发学生的兴趣和主动性,培养他们的观察力、想象力和创造力。这种教学方法将课堂从传统的单一知识灌输转变为注重实践与体验,通过营造真实或虚拟的情境,让学生在参与感强烈的环境中进行艺术创作。在这样的教学环境下,学生可以更加积极主动地参与到美术活动中,并且能够自由地表达自己的想法和感受。通过中小学美术情境教学,学生不再束缚于传统纸上绘画,而是能在不同材料、媒介和技法上进行探索与尝试。例如,在模拟自然风景的情境中,学生可以使用水彩、油画等不同画种的绘画材料来表达自己对大自然的感受;在模拟人物形象的情境中,学生可以运用素描、雕塑的技法来展现自己对人物特征和情感表达的理解。

通过这种教学方法,学生的观察力能得到锻炼和提升。学生需要仔细观察真实或虚拟情境中的各种元素,并将其转化为艺术作品中的形式语言。同时,学生也能够培养出更加丰富的想象力,通过对情境进行思考和感知,创造出独特而有趣的艺术作品。此外,中小学美术情境教学还能激发学生的创造力。在情境设计中,教师可以设定一些挑战性任务或问题,让学生进行探索和解决。这样的任务可以激发学生的思考和创新能力,培养他们解决问题和面对挑战的能力。立美美术理念下的美术情境教学是一种创新而有效的教育方法,不仅能够提高学生对美术活动的兴趣和参与度,还能够促进他们的观察力、想象力和创造力的发展。通过营造丰富多样的情境和场景,让学生在艺术创作中得到全面而深入的培养。

一 义务教育阶段美术情境教学的设计特点

义务教育阶段的美术课程要面向每个学生,体现普及性、基础性和发展性等基本特点,同时,也体现学生身心发展、艺术发展的阶段性与连续性特点。在视觉文化背景下生活的当代中小学生,其美术心理及能力呈现出多元发展的面貌。美术情境教学构建能够优化美术教学,促进教学质量及效率的提升。教师应当充分理解情境教学法的内涵,掌握相应的教学设计方法,结合教学需求及学生实际情况,以合理的方式构建适合的教学情境。只有这样,才能最大程度地发挥美术情境教学的作用。

(一)美术情境创设形象真实

情境教学要求主要的形象具有真切感,强化生动鲜明的形象,强化学生感知教材的亲切感。引导学生去探究发现身边的真实世界,通过观察来追求"神似",从而达到"形真"。"形真"并不是指机械地复制,而是指可以通过简要的几笔勾勒出同样栩栩如生的对应形象,从而给学生以真切之感。"生活情境"这一情景模式(如事件、文化、旅游、休闲、娱乐等)可以帮助学生提早感知人与社会的联系。学生能够将所学的知识和技能正确的在生活中理解和运用,并实现正确的自我理解。在真实的教学情境中学习,可以让学生沉浸于复杂的情境中,调动牵引式的情感认知、学科知识,想办法解决问题;让学生从生活中、从各种活动中进行学习,通过与生活实际相联系,获得直接经验,主动地进行学习。建构生活化场景教学,结合学生的认知、年龄特点,引导学生感受生活、探究生活中的相关艺术元素,把外在的知识转化为内在的知识,最终嵌入自己的知识体系。当然面对生成资源,需要弹性和活化的处理,努力把美术课堂变成自主探究实践活动,使学生在深层内化中形成一种自主探究、自主感知、自主创作的持久动力,不仅能提高学生的美术兴趣,而且能让学生感受到艺术来源于生活,又高于生活。

(二)美术情境教学情真意切

义务教育阶段美术情境教学能充分调动学生的情感参与认知活动,提高学习主动性。情境教学以发展学生美术学科核心素养为出发点,教师以引领者、合作者的角色走进课堂,通过生动形象的场景,让学生感受真实生活,探究生活与艺术的联系,并表现生活。师生在生活与美术表现间进行探究与交流互动,调动学生的学习兴趣,连同教师的情感、语言、教学内容和课堂氛围成为一个广阔的心理场域,作用于学生心理,从而促进学生发展,更好地启发学生的创造性思维。在美术情境教学中,情感不仅是手段,还是教学本身的任务和目的。从联系生活的角度出发,感受自然之美,感受生活的变化与时代的发展,基于教材内容,立足学生的发展,让学生得趣、得言、得法,在真实感悟中学习与实践。以创设真实情境为前提,关注美术课堂的真实性,以学生核心素养的发展为教学的出发点和落脚点,从学生的生活实际出发,架设生活与教材联系的桥梁。立足课程,以生为本,离不开教师的有效引导,离不开师生的互助合作,课堂教学从生活中来,又向课外生活拓展延伸,互助合作学习促进学生的发展,让课堂更高效!

(三)美术情境教学意境广远

义务教育阶段的美术情境教学能有效地发展想象力,形成想象契机。"情境教学"取"情境",因为情境包含情景,"情境"的时空范围要大于"情景",涵盖更多的情形。情境教学是"情绪"和"意象"的有机结合,教师可根据学生的想象活动,把教学内容与学生想象的生活情境联系起来,从而拓宽学生的意境,把学生带入教学内容描述的那个情境中。情境教学所展现的广远意境和学生的想象力是相辅相成的。新课程教学中的"情境"和"问题"应该是一体且紧密相关的,"从情境中生发问题"或"为引发学生思考的问题的提出,需要赋予真实的生活情境"是二者必然的逻辑关联。立美美术理念在美术课堂中的不断深入,让教师意识到培养学生自主学习能力的必要性和重要性。但是,当教师完全将课堂交给学生时,学生往往难以精准确定学习的重点。而"问题情境"能够引发学生的思考,指引学生的学习方向。对此,美术教师应当提高对问题的重视程度,主动对教材知识进行解读,挖掘课堂中的教育重点,并按照由易到难、由简到繁的顺序为学生设定问题,促进课堂中探究情境的创建,让意境更加有广度和深度。

(四)美术情境教学蕴含理念

通过伴随着形象的理念,使抽象变为具象,提高学生的认知力。情境教学的"理寓其中"就是从教材中心出发,由教材内容决定情境教学的形式。其是在教学过程中,创设一个或一组围绕教材中心展现的具体情境。情境教学"理蕴"的特点决定了学生获得的理念伴随着形象与情感,是有血有肉的。这不仅是感性的、对事物现象的认识,而且是对事物本质及其相互关系的认识。

二 立美美术理念下情境教学设计原理

艺术学科核心素养是学科育人价值的集中体现,是学生通过学科学习而逐步形成的正确价值观、必备品格和关键能力。艺术核心素养是艺术课程育人价值的集中体现,审美感知是艺术学习的基础,艺术表现是学生参与艺术活动的必备能力,创意实践是学生创新意识和创造能力的集中体现,文化理解则以正确的价值观引领审美感知、艺术表现和创意实践。四个核心素养相辅相成、相得益彰,贯穿于艺术学习的全过程。在立美美术理念下,情境教学设计围绕核心素养,运用暗示诱导、情感驱动、角色转换、心理场整合等原理,在真实课堂中进行"深度学习",不同于传统的、被动接受的、灌输式的"浅层学习",其运用所学的知识,通过思考、讨论、交流、互动等活动,解决实际问题,从而培养学生的批判性思维、创新能力、合作精神和学习能力。

(一)心理驱动原理

在立美美术理念下,情境教学的设计遵循着特定的心理驱动原理。其强调通过精心策划营造的教学情境,有效激发学生的学习热情,激发学生的创造力和探索精神。情境教学根据教学设计目标,紧密围绕学生的年龄特征、兴趣爱好以及认知水平,设计富有吸引力的教学场景。这些场景可以是通过图像、音乐、表演等艺术形式展现的直观情境,也可以是模拟现实生活的典型场景。这些情境直接作用于学生的感官,使他们仿佛置身于一个充满艺术气息和创造活力的世界。当学生进入这样的情境时,他们的情绪会被迅速点燃,形成一种无意识的心理倾向。这种倾向使他们情不自禁地跟着教师投入立美美术教育教学实践活动中,全身心地感受艺术的魅力,体验创造的快乐。在这种状态下,学生会表露出内心的真情实感,他们的思维变得更加活跃,创造力得到充分发挥。

情境教学的设计还注重引导学生对学习焦点的变化作出迅速反应。通过巧妙的情境设置和引导,教师可以帮助学生将注意力集中在关键的学习点上,使学生能够更快地理解和掌握所学知识。这种最佳的心理驱动不仅能提高学生的学习效率,还有助于挖掘他们的潜在能力,使他们在美术学习中取得更大的进步。在立美美术理念下,情境教学的心理驱动原理发挥着至关重要的作用。通过激发学生的情感、兴趣和动力,使学生在轻松愉快的氛围中学习美术知识和技能,实现全面发展。教师在设计情境教学时,应充分考虑学生的心理特点和需求,创设能够触动学生心灵的教学情境,让他们在美术的世界里自由翱翔。心理驱动原理还强调了情境教学的动态性和互动性。在立美美术理念的指导下,情境教学不应是静态的、单向的,而应是充满活力和生机的、师生共同参与的。教师可以通过与学生互动、引导学生之间的合作与交流等方式,进一步增强学生的参与感和归属感,使学生在情境中感受到更多的乐趣和成就感。

同时,心理驱动原理也提醒我们,在立美美术理念下,情境教学要注重培养学生的自主学习能力。通过情境的引导和启发,教师帮助学生发现问题、解决问题,培养学生的独立思考能力和创新精神。这样,学生不仅能够在美术学习中取得优异的成绩,还能够为他们未来的学习和生活奠定坚实的基础。心理驱动原理是立美美术理念下情境教学设计的重要基础,强调了情境教学在激发学生情感、兴趣和动力方面的独特作用,同时也提出了教师在设计情境教学时需要遵循的原则和方法。通过深入理解和应用心理驱动原理,教师可以更好地发挥情境教学的优势,为培养学生的美术素养和创造力提供有力的支持。在实施立美美术理念下的情境教学时,教师还需要注意以下几点。首先,要确保教学情境的真实性和可信度。只有真实可信的情境才能引发学生的共鸣和投入,使他们在情境中获得深刻的体验和感悟。其次,要注重情境的多样性和变化性。通过不断变换和更新情境,可以持续激发学生的好奇心和探索欲望,使学生对美术学习保持持久的热情。最后,要加强情境教学与现实生活的联系。通过将美术知识与现实生活相结合,让学生更好地理解和运用所学知识,培养他们的实践能力和创新精神。

心理驱动原理在立美美术理念下情境教学中具有举足轻重的作用。通过深入研究和应用这一原理,教师可以创造出更加生动、有趣且富有成效的美术教学情境,为学生的全面发展提供有力的保障。同时,这也需要教师在教学实践中不断探索和创新,以适应时代发展的需要和学生个性化发展的要求。

(二)情感驱动原理

立美美术理念下情境教学的设计原理中,情感驱动原理占据着重要的地位。情境教学通过运用移情作用,使学生在身临其境的主观感受中深化情感体验,陶冶情操,进而实现美术教育的深层目标。教师精心创设的教学场景,能激发学生对教育教学内容的关注。这种关注是情感驱动的起点,使学生对教育教学内容产生积极的态度倾向,为后续的情感投入奠定基础。随着教学情境的深入展开,学生逐渐被情境中的艺术氛围所吸引,他们的情感开始被激发,他们也开始投入教学活动中。在情感的驱动下,学生不再是被动的接受者,而是成为主动参与者。学生情不自禁地将自己的情感移入教学情境的相关对象中,与情境中的艺术形象产生共鸣。这种情感的移入使学生更加深入地理解教学内容,同时也增强了他们的情感体验。

随着情境的延续和发展,学生的情感体验逐步加深,开始沉浸在艺术的世界中,感受艺术带来的愉悦和震撼。这种情感的深入体验不仅丰富了学生的内心世界,还使学生对艺术有了更深刻的认识和理解。情感驱动原理在情境教学中的作用得以充分体现,学生的情感在情境教学中得到充分的释放和表达,逐步渗透到学生内心世界的各个方面。这些情感体验经过内化,成为学生相对稳定的情感、态度和价值取向,融入学生的个性之中。

立美美术理念下情感驱动原理的运用不仅提高了情境教学的效果,还促进了学生的全面发展。学生在学习美术知识的同时,培养了高尚的审美情趣和人文素养。通过美术情境教学的实践,学生的情感世界得到了丰富和提升,他们的个性也得到了充分的发展。此外,情感驱动原理还强调情境教学中师生之间的情感交流。在情境教学中,教师应注重与学生的情感互动,如通过语言、动作、表情等方式传递情感信息,激发学生的情感共鸣。同时,教师还应关注学生的情感体验,及时调整教学策略,以满足学生的情感需求。这种师生之间的情感交流不仅有助于提高学生的学习积极性,还能增强师生之间的信任和理解,为情境教学的顺利实施创造有利条件。情感驱动原理在立美美术理念下情境教学中发挥着重要作用。通过激发学生的情感投入,深化学生的情感体验,陶冶学生的情操,实现了美术教育的深层目标。因此,在立美美术理念下设计美术情境教学时,教师应充分运用情感驱动原理,创造出能够触动学生心灵的教学情境,让学生在美术的世界里感受美的力量,实现全面发展。

同时,教师也需要认识到,情感驱动原理的运用并非一蹴而就,需要教师在教学实践中不断探索和总结。只有真正理解并掌握了情感驱动原理的精髓,才能将其有效地运用于情境教学中,实现美术教育的最优化。在未来的情境教学实践中,教师还应继续深化对立美美术理念下情境教学设计原理的研究。通过不断探索和实践,进一步完善情境教学的理论体系,提高情境教学的实施效果,为培养学生的美术素养和创造力提供更加有力的支持。此外,教师还应关注情境教学在义务教育阶段美术教学中的实际应用情况。收集和分析教学实践案例,了解情境教学在实际教学中的优势和不足,为进一步优化情境教学设计提供有益的参考。总之,情感驱动原理是立美美术理念下情境教学设计原理的重要组成部分。通过深入研究和应用这一原理,可以更好地发挥情境教学的优势,为义务教育阶段学生的美术学习提供更加丰富、有趣且富有成效的教学体验。

(三)角色转换原理

立美美术理念下情境教学的设计原理中,角色转换原理是一个至关重要的方面。这一原理的核心在于,在优化的教育与教学环境中,教师借助设计独特的角色,引导学生深入情境、体验角色,并进行角色评价,以此有效促进学生主体意识的确立与增强。教师根据教学目标和教材特点,精心创设立美美术教学情境。这个情境应该既能够蕴含教师的意图,又能够激发学生的兴趣和好奇心。在这个情境中,教师会设计一系列的角色,这些角色可以是教材中的主人公,也可以是与教学内容相关的其他人物或事物。这些角色的设计旨在引导学生通过角色扮演的方式,深入体验和理解教学内容。当学生进入这个优化的情境时,会开始担任这些角色。这个过程不是简单的模仿或扮演角色的过程,而是一个深入理解角色的过程。学生需要思考角色的性格、行为、情感等,以便更好地诠释角色。在这个过程中,学生的主体意识开始萌芽,于是开始由被动地接受转变为积极地参与和探索。

随着学生对角色的深入理解,会逐渐进入体验角色的阶段。在这个阶段,学生会通过想象、感受等方式,亲身体验角色所处的环境和情境,感受角色的情感和心境。这种体验不仅有助于加深学生对教学内容的理解,还能够激发学生的想象力和创造力。在体验角色的基础上,学生会进一步表现出角色的特点,如用语言、动作、表情等方式来诠释角色,展现角色的魅力和个性。这个过程既是一个展示自我才华的过程,也是一个与他人交流、分享的过程。在这个过程中,学生的主体意识得到了进一步的强化和提升。当学生能够将自己与角色融为一体,产生顿悟时,他们的主体意识就已经得到了充分的形成和强化。学生不再是被动的接受者,而是主动的探索者和创造者,能够在情境中自由地表达自己的想法和感受,积极地参与到教学活动中来,享受学习带来的乐趣和成就感。

在立美美术理念下,角色转换原理的运用不仅有助于提高学生的学习兴趣和积极性,还能够促进他们的全面发展。通过角色扮演的方式,学生能够在情境中体验到不同的角色和情感,拓宽自己的视野和认知范围。同时,这种教学方式还能够培养学生的团队协作精神和沟通能力,让他们在与他人合作的过程中学会倾听、理解和尊重他人。此外,角色转换原理还强调了教师在教学过程中的引导作用。教师需要精心设计情境和角色,确保其能够符合学生的认知特点和兴趣爱好。同时,教师还需要在学生角色扮演的过程中给予适当的指导和帮助,确保学生能够顺利地进入角色、体验角色并产生顿悟。这种引导不仅有助于提高学生的学习效果,还能够培养学生的自主学习能力和创新精神。

在立美美术理念下的情境教学中,角色转换原理至关重要。教师通过精心营造教育、教学环境,并设计具体角色,能够有效地引导学生沉浸情境、感悟角色、审视角色,从而推动学生主体意识的发展与巩固。这种教学方式不仅能够提高学生的学习兴趣和积极性,还能够促进他们的全面发展,为培养具有创新精神和实践能力的人才奠定坚实的基础。在未来立美美术的教学实践中,教师应继续深入研究和探索角色转换原理的运用方式和方法。通过不断优化教育、教学情境和角色设计,教师可以更好地发挥情境教学的优势,为义务教育阶段学生的美术学习提供更加丰富多彩、富有成效的教学体验。同时,教师还应注重培养学生的主体意识和创新精神,让学生在情境教学中实现自我价值的提升和全面发展。

(四)心理场整合原理

在立美美术理念下情境教学的设计原理中,心理场整合原理占据着至关重要的地位。这一原理强调通过创设的教育情境、人际情境、活动情境以及校园情境,将学生的生活空间转化为一个富有教育内涵、充满美感和智慧的生活空间。这种特殊的生活空间是情境教学特意创设或优选的,旨在为学生提供一种全方位、多角度的学习体验。

立美美术理念下教育情境是在心理场整合原理的基础上,教师通过精心设计教育情境,将教学内容融入其中,使学生在情境中自然而然地接触和学习知识。这些情境可以是具体的场景、生动的画面,也可以是富有启发性的问题或任务,能够激发学生的学习兴趣和好奇心,引导他们主动探索、积极思考。人际情境在心理场整合原理中同样发挥着重要作用。一个和谐、融洽的人际环境能够为学生提供良好的学习氛围,使他们更加愿意参与到学习活动中来。教师应注重与学生建立良好的师生关系,关注他们的情感需求,积极营造一种互相尊重、互相支持的学习氛围。同时,教师还应鼓励学生之间的合作与交流,培养他们的团队精神和协作能力。活动情境是心理场整合原理的具体体现。通过组织丰富多彩的活动,教师可以让学生在实践中学习知识、锻炼技能。这些活动可以是绘画、手工制作、艺术创作等与美术相关的活动,也可以是其他能够激发学生创造力和想象力的活动。活动情境的设计应注重学生的参与度和体验感,让他们在轻松愉快的氛围中感受美术的魅力。校园情境是心理场整合原理的延伸和拓展。一个美丽、宜人的校园环境能够为学生提供良好的学习条件和生活环境。教师应注重校园文化的建设,通过美化校园环境、举办文化活动等方式,营造一种积极向上的学习氛围。同时,教师还应关注学生的日常生活,关心学生的成长和发展,为他们提供必要的支持和帮助。

在情境教学中,教师、学生和情境三者之间形成了一个良性推进的多向折射的心理场。教师作为情境的创设者和引导者,通过精心设计情境、引导学生参与活动等方式,激发学生的学习兴趣和积极性。学生则在情境中积极主动地探索、学习、实践,不断提升自己的美术素养和综合能力。立美美术情境教学作为一个富有教育内涵的生活空间,为学生提供了一种全方位、多角度的学习体验。这种心理场的整合不仅促进了学生知识的获取和技能的提升,更重要的是培养了学生的情感、态度和价值观。学生在情境中感受到的不仅是知识的力量,更是美的魅力和智慧的光芒。而帮助学生在情境中学会欣赏美、创造美、传播美,将美术学习与生活实践紧密结合,有助于实现学生的全面发展。

此外,心理场整合原理还强调了情境教学的连续性和系统性。教师应根据学生的年龄特点和认知水平,合理设计不同层次的情境教学活动,确保学生在不同阶段都能够得到适当的教育和引导。同时,教师还应注重情境教学与其他教学方式的有机结合,以形成优势互补、相互促进的教学格局。心理场整合原理在立美美术理念下情境教学中具有重要作用。教师通过巧妙构筑教育、人际、活动及校园等多维情境,能够将学生的生活环境塑造成一个蕴含教育意义、洋溢美感和智慧的丰富场域。在这一空间里,教师、学生与情境相互作用,构建起积极互动、多向交织的心理环境,从而激励学生在情境中不断探索、成长与完善自我。因此,在设计和实施情境教学时,教师应充分运用心理场整合原理,创造出能够激发学生潜能、提升学生素养的优质教学环境。

心理驱动原理、情感驱动原理、角色转换原理、心理场整合原理为中小学美术情境教学的设计提供了指导。通过创造丰富的情境和有意义的学习体验,可以激发学生的艺术潜能和创造力。在教学过程中,教师应该注重了解并满足学生的兴趣和需求,让学生能够在真实的环境中进行艺术创作,从而提高学生对艺术作品的欣赏能力。同时,问题导向的教学方法也是很重要的,可以培养学生解决问题的能力,并激发他们对艺术领域的兴趣。此外,跨学科整合可以让学生在艺术教育中获得更广泛的知识和经验,促进学生综合素质的发展。合作与交流是培养学生团队合作精神和沟通能力的有效途径,通过与他人合作完成艺术项目,可以增强学生对集体荣誉感的认同。自主学习和探究学习则鼓励学生主动参与到艺术学习中,从而培养他们自我管理、自我探索的能力。最后,反思和评价是帮助学生总结经验、发现问题并加以改进的重要环节,通过反思和评价可以提高学生对自己作品的认识,并不断完善自己的艺术创作技巧。

在立美美术理念下,情境教学以其多样化的表现形式,成为实现艺术课程育人价值的重要途径。教师在设计美术情境教学时,必须紧密围绕教学目标,强化素养立意,确保内容与育人目标紧密相连。具体而言,实现教学内容的结构化是情境教学设计原理的首要任务。根据新课标的要求,教师应以任务、主题或项目为核心,将知识、技能等要素融入其中。通过综合性、创造性的艺术实践活动,引导学生对知识进行整体关联和建构,形成深层次的认知联结。这种以单元性艺术实践活动为基础的深度学习,有助于学生在实践中深化对美术知识的理解和应用。

第二节 立美美术理念下美术情境教学的设计原则

情境教学在美术教育中具有重要作用。义务教育阶段美术教学中,教师创设生动、有趣的教学情境,可以激发学生的学习兴趣,提高学习效果。同时,情境教学可以培养学生的审美能力、创造力和想象力。关于情境教学的原则,李吉林老师认为情境教学应具备五条原则,即诱发主动性、强化感受性、着眼发展性、渗透教育性、贯穿实践性。[①]

在立美美术理念下的情境教学中,需要遵循一些设计原则。第一,要以学生为主体,注重培养学生的主动性和实践能力。第二,要结合生活实际,让学生能够将所学的知识和技能应用于实践中。第三,要注重激发学生的情感,增强学生的情感体验能力。第四,要注重培养学生的创造力,鼓励学生尝试不同的创作方式和技巧。第五,要采用多元评价方式,全面评价学生的学习成果。

在立美美术理念下的情境教学中,如需要注意一些关键点。第一,要诱发学生的主动性,让学生积极参与到教学活动中来。第二,要强化学生的感受性,引导学生深入感受艺术作品中的情感和内涵。第三,要突出创造性,鼓励学生发挥想象力和创造力,创作出更加优秀的作品。第四,要渗透教育性,将学科教育性贯穿在整个教学过程中。第五,要贯穿实践性,让学生通过实践活动来提高自己的艺术表现力和创造力。

在立美美术理念下实施美术情境教学时,还需要遵循一些主要原则。第一,要体现核心价值,创设传递积极价值的情境,培养学生的爱国主义情怀、责任担当意识、奋斗精神以及正确的世界观等。第二,要围绕美术学科素养展开教学,以学科素养为导向进行评价和教学设计。第三,要注重发展性原则,建构立体多元的美术学习生态系统,让学生能够主动发展自己并提升美术素养。

情境教学在美术教育中具有重要作用。通过遵循一定的实践策略和主要

[①] 李吉林.为全面提高儿童素质探索一条有效途径——从情境教学到情境教育的探索与思考(上)[J].教育研究,1997,18(3):33-41.

原则,并注意一些关键点,可以有效地实施美术情境教学并提高学生的艺术素养和创造力。

一 立美美术与美术情境教学的实践策略

《关于全面加强和改进新时代学校美育工作的意见》中指出:"美育是审美教育、情操教育、心灵教育,也是丰富想象力和培养创新意识的教育,能提升审美素养、陶冶情操、温润心灵、激发创新创造活力。"这为全面准确把握美育的价值提供了方向性指引。立美美术的多重价值还需要在理论层面予以进一步的明晰和确证。

(一)充分整合发挥其他诸育活动的美育价值

一是要"以德成美"。德一定是善的,而美与善和德往往又是交融和互促的。积极的、高尚的、向善的品德往往被统称为"美德"。而社会美尤其是人之美,也蕴含着善与德的内容。所以说,不仅美可以导善、育德,德同样可以促美、成美。比如,人的心灵美、行为美既是德育的追求,也是美的形式和内容,故而育德的同时也在促进这些层面的美的提升。正如朱光潜先生所说:"从伦理观点看,美是一种善;从美感观点看,善也是一种美。"此外,学校也要充分发掘劳动教育、体育中的美育因素与美育价值,引导学生在自身劳动与进行体育运动的过程中,领悟、展现并提升劳动的美、身体的美。

二是要"以智促美"。美育是带有情感和价值判断的教育,而师生的情感和价值是建立在对世界万物认知的基础上的。面对同样的美的形象,有的人能够发现其蕴含的美,有的人则可能因为认知的不足而无法发现并理解该形象所蕴含的美。因此,学校要有意识地在智育中增加关于美的认知的内容,也要加强专门的美学知识课程。同时,智育诸学科本身也具有美育的因素,即便是数学学科,也具有美的因素和美育价值。数学家华罗庚曾说:"就数学本身而言,是壮丽多彩、千姿百态、引人入胜的……认为数学枯燥乏味的人,只是看到了数学的严谨性,而没有体会出数学的内在美。"所以,要充分发掘发挥智育诸学科本身的美育价值,并有意识地将美育内容渗透和融入其中,做到全学科育美。

(二)贴近学生的生活实际

在立美美术理念下情境教学活动中,设计情境是非常重要的一环。而在设计情境时,教师应该尽量贴近学生的生活实际,以便让学生更好地理解和参与其中。为此,教师需要选择与学生日常经验相关的题材和场景,这样可以使学生更容易投入情境中。一个好的情境设计应该是真实而有趣的。通过创造真实的情境,教师可以让学生在其中获得艺术的美感和审美体验。当学生身临其境地感受到这些情境时,会对艺术产生更深层次的理解和欣赏。设计贴近学生生活实际的情境还可以提高学生的情感表达能力和审美素养。因为学生对自己熟悉的事物更容易产生情感共鸣,通过情境的创设,学生可以更好地表达自己的情感和思想,并培养艺术欣赏能力。可见,设计情境时贴近学生的生活实际是非常重要的。只有在真实而有趣的情境中,学生才能够真正地融入其中,获得艺术的美感和审美体验,并提高情感表达能力和审美素养。

(三)探究以学生为主导的课堂教学

在教学中不难发现,教师秉持本真,围绕学习重点,以语言和大量的图像识读引导学生学习。根据学生的年龄特点和兴趣爱好,教师可以选择与他们生活经验和认知水平相匹配的情境来进行美术知识的教学。情境教学的核心是激发学生的主动性,让他们成为学习的主体。在设计情境时,我们可以引入一些问题和挑战,以鼓励学生积极思考、探索和解决问题。通过这样的设计,我们可以培养学生的创造力和解决问题的能力。比如在导入课题前从学生自己的家乡到画家的家乡,再到走近画家的作品,引导学生发现画家对大自然的热爱之情,启迪学生发现原本日常生活中常见的事物,通过解读大师的构图、用墨、用色,了解如何创作艺术作品。此外,在设计情境时,给予学生一定的自主选择权和探究空间也很重要,这样可以培养他们的自主学习能力和主动探究意识。通过这种学生主导的探究方式,我们可以更好地促进学生的学习和兴趣的培养。

(四)让课堂教学表现形式多样化

多样化的表现形式在情境教学中起到重要的作用。情境教学鼓励学生不限于书面或口头表达,而是通过多种艺术形式来展示他们的创作才华。绘画、雕塑、摄影等都是常见的表现方式,学生可以根据自己的兴趣和特长选择适合自己的方式进行创作。这种多样性不仅能够激发学生的创造力,还能让他们更好地展示出自己独特的想法和个性。通过情境教学中丰富的表现形式,学生可以获得更全面和深入的体验,提高对艺术与创意的理解和应用能力。

(五)促进跨学科整合

美术情境教学是一种将美术与其他学科相结合的教学方法,不仅能促进跨学科的学习和思考,还能为学生提供更广阔的视野和创作思路。通过将美术与科学、历史、文学等不同领域知识进行融合,教师可以创造出多样化且富有挑战性的情境,使学生能够将所掌握的美术知识应用到其他领域中。这种跨学科整合的教学方法对学生的发展具有积极影响。首先,美术情境教学能够拓宽学生的学习视野,让学生从不同学科角度去思考问题,提高学生的综合素养。例如,让学生"通过万里长城感受中国古代人民的智慧和创造力",教师可通过北京城市、都江堰工程等建筑引导学生感悟中国古代的辉煌成就正是我国古代劳动人民辛勤劳动的结晶,以此培养学生热爱劳动、崇尚劳动的精神,体会劳动创造美好生活、劳动创造艺术、劳动创造世界的道理。在美术与劳动相结合的情境中,学生可以通过绘制劳动场景或解释劳动现象来加深对劳动知识的理解。其次,美术情境教学还能够激发学生的创造力和想象力。通过与文学、历史等领域知识进行融合,可以激发学生更多的创作灵感,并培养学生独特的艺术表达能力。最后,将美术与其他科目进行整合还有助于提高教学效果。传统上,美术往往被视为一门独立的艺术课程。然而,通过跨学科整合,在其他领域中应用美术知识可以使得教育更加全面和综合。例如,在历史课堂上运用美术技巧来描绘历史场景,能够增强学生对历史事件的理解和记忆。因此,在教育中推行美术情境教学是非常有意义的,不仅能够促进学生的综合发展,还能够提高教育效果。通过将美术与其他学科相结合,教师可以为学生创造出更丰富多样的学习环境,培养学生跨学科思维和创新能力。

(六)以学科素养为关键连接层进行评价

一是体现核心价值。在进行美术情境教学时,教师应明确教育的首要问题是培养什么样的人,并注意在授课过程中体现核心价值,创设传递积极价值的情境。这有助于学生理解和体验核心价值观的重要性,如爱国主义情怀、责任担当意识、奋斗精神及正确的世界观等。以人教版《美术》八年级下册第一单元

"美术作品的深层意蕴"第2课《弘扬真善美》为例,这节课的情境教学应该从美术作品的细节描写入手,引导学生树立正确的人生观,达到培养品德和塑造个性的效果。整堂课的设计注重细节,凸显教学主题,帮助学生深入理解美术作品中人物形象的深层含义。通过创设情境和引导思考,学生能够更好地领悟角色形象,并体会战火中的青春美和人性美。最后,引导学生思考如何在当下发挥自己的作用,深入思考青春的价值。这样的情境教学设计避免了传统说教式教学,而是通过创设情境、引导思考和促进合作,潜移默化地培养学生的爱国情怀和正确的人生观。

二是围绕学科素养。义务教育阶段美术教学以学科素养为核心,其评价亦以此为导向。就情境教学而言,教师应围绕学科素养进行,并根据教学内容的不同而有所侧重。创设情境需依据学科特点,明确其对学生美术核心素养的贡献。进行美术情境教学时,应以美术核心素养为出发点,结合教学内容确定教学目标,并着重培养学生的审美感知、艺术表现、创意实践及文化理解能力。

三是突出关键能力。义务教育阶段美术情境教学中,教师应明确学生需掌握的关键能力,并在教学中有意识地强化。美术基础知识作为核心内容,需引起教师重视。要引导学生理解、掌握美术关键知识,帮助他们自主构建结构化认知,并规范应用于真实情境。这些问题值得深思。关键能力是情境教学的考查重心,指学生面对情境时的高质量分析能力和解决问题的能力。对美术学科而言,主要包括表现能力和创意能力。因此,进行美术情境教学时,需特别强调表现和创意的重要性,培养学生的图像识读、欣赏和评述表达能力。

(七)着力构建中小学衔接、各主体协同的一体化美育体系

《关于全面加强和改进新时代学校美育工作的意见》指出要"构建大中小幼相衔接的美育课程体系,明确各级各类学校美育课程目标","加强大中小学美育教材一体化建设,注重教材纵向衔接,实现主线贯穿、循序渐进",可见强调美育课程与教材相衔接十分重要。

要践行立美美术教学理念,充分发挥美育的价值,使美育与其他诸育一道致力于培养全面发展的学生——单一的教育阶段和教育主体是不足以完成这个任务的。因此,教师需要构建一个立体式、一体化的美育体系。这个体系在纵向上要实现大中小学美育的有效衔接,在横向上要实现美育各实施主体的协同合作。

为了加强大中小学美育的纵向衔接,教师需要深化各阶段的美育实践,并探索建立美育实施保障机制。只有每个教育阶段都充分发展美育工作,才能够实现整体上的大中小学美育衔接。同时,教师还需要构建有效的沟通机制,加强大中小学之间关于美育的沟通、互动与协作,形成教育合力,共同推进美育工作。此外,在推进教育评价改革的过程中,也要确保大中小学都更加注重美育,引导整个教育体系朝着更加突出美育的方向前进。

除学校之外,家庭、社会等也是实施美育的重要主体与空间。首先,学校应该在加强自身美育工作的同时,积极主动地加强与家庭、社会的沟通与合作。学校应该充分利用各类美育空间和资源,使美育能够在校内与校外相结合,制度化教育与生活化教育相结合,显性课程与隐性课程相结合。其次,家长也应该充分意识到美育对于孩子全面发展和健康成长的重要作用与长远价值。家长应该引导和满足孩子的审美需要,并鼓励支持孩子积极参与审美立美活动。最后,社会应该充分发挥在美育场所与机构上的优势。社会可以为学校师生提供感受美、鉴赏美的便利条件,并积极共建让学生表现美、创造美的平台。同时,社会也可以利用各种媒介来宣传美育的重要价值,促使全社会形成注重、崇尚美育的氛围和风尚。

通过构建立体式、一体化的美育体系,并加强各主体之间的协同合作,我们可以更好地实现促进人的全面发展的教育目标。

二 立美美术与美术情境教学的设计原则

在义务教育阶段立美美术情境教学中,可以借鉴李吉林老师的情境教学理论,以培养兴趣为前提、以思维为核心、以情感为纽带、以美为境界来指导美术情境教学的创设。其设计原则主要包括以下几个方面。

(一)课程设计原则

美术教育的情境教学课程设计在义务教育阶段应平衡"情境"与"美术",避免形式主义。课程设计应遵循多元价值取向,联系美术与生活、自然及情感体验。教学内容应在与现实相似的情境中展开,解决学生现实问题,简化学习内容。要关注美术与多元领域的差异,弱化学科界限,强调学科交叉。教学过程应模拟现实问题的解决,展示专家解决问题的探索过程,提供问题解决的原型,并指导学生探索。

(二)教师主导性原则

以美养德,以美怡情,以美启智。在立美美术整个情境教学活动中,审美能力的培养有利于唤醒学生认识、理解、尊重和创造生活中的真善美。例如,在上人教版《美术》九年级上册第三单元"土和火的艺术"时,教师展示仰韶文化的彩陶盆和马家窑文化的彩陶盆,创设找寻先民的审美观念这一情境,挖掘彩陶艺术中蕴含的美育元素,使学生在学习中发现美、感受美和鉴赏美,培养学生创造美的能力,促进学生的全面发展。彩陶盆上精美的图案,能让学生从视觉上感受到史前时期先民具有较高的审美观念,并可在探寻过程中体会中国古代劳动人民的辛劳和非凡智慧,感受到中华文明的强大生命力,进而产生对中华优秀传统文化的热爱,激发学生传承中华优秀传统文化的责任感。教师可以以指导观察员的身份开展教学,强调学生的感性认知,调动学生多感官体验。也可应用优美语言描述情境,通过角色扮演或播放视频、音频等方式创设趣味性情境。无论采用何种教学方式,教师都不应过多介入学生的学习过程,而应引导学生自主寻求学习方法。

(三)学生主体性原则

情境教学的目的是让学生参与到具体的艺术作品中,感受其中的情感和美感,从而提高学生的审美能力和创造力。因此,在美术情境教学中,应以学生为主体,注重培养学生的主动性和实践能力。应充分认识到每个学生都具有独特的个性、兴趣和表现风格。注重教学与学生的生活实际相结合,使学生能够将所学的知识和技能应用于实践中。同时根据学生的实际情况进行个性化的教学设计,使学生能够参与到教学活动中来,让学生更加深入地理解美术作品,从而提高他们的学习兴趣和审美能力,增强学生的艺术文化素养。

(四)激发情感原则

情境教学的核心是创设情境,让学生能够参与到具体的艺术作品中,感受其中的情感和美感。在美术情境教学中,要以培养兴趣为前提,注重激发学生的情感。通过创设生动、有趣的情境,可以让学生更加积极地参与到美术学习中,提高学习效果。同时,教师还应关注学生的情感变化,及时给予鼓励和支持,增强学生的情感体验能力。树立学生的学习自信心,让学生感受到美术的魅力和意义。

(五)科学性和思想性统一原则

人与自然的相互依存,是实现和谐共进的基石。教育亦然,必须遵循学生成长的内在规律,让学生自然发展,从而实现科学与思想的有机统一。《义务教育艺术课程标准(2022年版)》凸显了学生在学习与发展中的主体地位。美术课程应适应学生的身心发展及学习特性,关注个体差异,满足不同学习需求,并尊重学生的好奇心与求知欲。以立美美术为教学目标,将学生的成长置于首位,教师在教学设计、实施与指导中,始终以学生成长为出发点。

(六)循序渐进原则

在义务教育阶段的美术情境教学中,这一原则要求教学由表及里、由浅入深,逐步深化和提升学生的认知和理解。在情境教学中,融入情境的过程应该是一个渐进的过程,通过逐步引导学生感知和理解美的本质,培养学生的审美能力和创造力。在美术情境教学中,表象的美往往容易被学生感知和认同,但这种表面的感觉并不足以满足学生对美的全面认识和追求。因此,教学应该建立在理性分析的基础上,引导学生深入探究美的内涵和价值,培养学生对美的独立思考和判断能力。在创设的情境中深刻认识美的感觉,学生才能真正理解美的本质和意义,从而经得起时间的检验。这种对美的深刻认识不仅有助于学生的个人成长和发展,还能提高他们的审美素养和艺术修养,为未来的学习和生活奠定坚实的基础。

(七)因材施教原则

尊重学生的学习本质是教育的基石。瑞士心理学家皮亚杰的研究揭示,儿童的认知和智力发展主要依赖于他们自身的发展,而非外部塑造。这一观点强调了儿童在学习过程中的主动性。皮亚杰进一步指出,只有通过自我发现的知识和技能,儿童才能真正融合并掌握,从而形成深刻的理解。学生天生具备强烈的好奇心和求知欲,教育应当顺应这一天性,使每个学生都能在学习中成为积极的发现者、研究者和探索者。立美美术理念下,从注重学生的心理特点和学习本质出发,提供个性化的教育途径是至关重要的。这不仅有助于学生自主发展,更能帮助学生充分发挥潜能,以更加积极的态度投身学习。

(八)发展性原则

义务教育阶段美术课程不仅承担传授技艺的功能,更承载着多重价值责任:从知识技能的建构与运用到思维的发展与提升,从审美鉴赏与创造到文化传承与理解。这样的学科认知理念强调了美术不仅仅是表面的绘画或雕塑活动,而且是一种深层次的思维、文化和审美活动。在这样的背景下,美术学科应将技能建构与运用作为其稳固的基石。学生需要掌握必要的美术知识,但这不仅仅是技术的堆砌,更多的是为了培养他们丰富的审美体验、熟练的美术技巧和健康的学习习惯。美术教育的目标不仅仅是让学生掌握一门技术,更是为了培养他们的艺术素养和人文精神。为实现这一崇高的目标,在立美美术理念下,美术教学应坚守学科本位,与时俱进,并贯彻人本思想。这不仅仅是一门关于艺术的学问,更是关于如何培养全面发展的人的学问。因此,教师需要构建一个立体、多元的美术学习生态系统,让学生能够在这个环境中主动地探索、创新和发展,持续提升他们的美术素养和人文精神。

(九)培养创造力原则

在设计义务教育阶段的美术情境教学时,教师应以思维为核心,引导学生积极参与到艺术作品的分析和探究中,培养学生的审美意识和创造力。通过创设开放、自由的情境,可以让学生更加自由地发挥自己的想象力和创造力,创作出更加优秀的作品。同时,教师还应鼓励学生尝试不同的创作方式和技巧,提高学生的创造力和表现力。美术情境教学应联系生活实际,学生不仅需要学习理论知识,还需要将所学知识从课堂带入实际生活中,提高自身解决问题的能力以及学科素养。因此,教师需要将实践活动贯穿至整个情境教学过程中。

(十)多元评价原则

在美术情境教学中,应采用多元评价方式来评价学生的学习成果。除了传统的作品评价外,还应注重学生的参与度、学习态度、合作能力等方面的评价。

通过多元评价方式,可以更加全面地了解学生的学习情况和进步情况,为后续的教学提供更加准确的指导。

在实施这些原则时,教师必须清醒地认识到,情境教学效果的关键在于良好情境的创设。应以学生的实际需求和认知特点为出发点,注重学生的主体性,也注重结合生活实际、激发情感、培养创造力和多元评价等方面内容。一个良好的情境必须体现核心价值观,围绕学科素养,突出关键能力。只有这样,教师才能确保情境教学的有效性,从而让学生在真实、生动、有意义的情境中学习美术,感受美术的魅力,提升美术素养。

情境教学作为一种创新的教学模式,已经成为现代教育发展中不可或缺的一部分。特别是在义务教育阶段的美术教学中,情境教学更是被赋予了重要的使命。它不仅仅是一种教学方法,更是一种教育理念的体现,强调以学生为中心,关注教学情境的真实性、有效性和综合性。

在设计美术情境教学时,教师必须坚持以学生为本的原则,确保每一个教学环节都能够真实地反映学生的实际需要,有效地促进学生的学习和发展,并且综合运用各种教学资源和方法,以达到最佳的教学效果。教师不能仅仅追求形式上的"情境",而忽视了情境教学真正的核心——良好的情境。良好的情境不仅仅是环境布置的优美,更重要的是要能够体现教育的核心价值观,围绕学科核心素养,突出关键能力的培养。

一个良好的情境教学环境,应该是充满乐趣和挑战的,能够激发学生的学习兴趣,引导学生在实践中探索,让学生在探索中成长,在成长中创新。在这样的环境中,学生不再是被动接受知识的容器,而是主动探索和创造的主体。教师在这一过程中,不再仅仅是知识的传递者,更是情境的创造者、学习的引导者,以及学生成长的伙伴。

通过科学合理的设计和实施,情境教学能够有效地提高美术教学的效果和质量。它注重学生在实际情境中的体验和感受,从而使学生更好地理解和掌握知识,提高解决实际问题的能力。同时,情境教学还能够培养学生的创新意识和实践能力,为他们未来的学习和生活打下坚实的基础。

总之,情境教学是义务教育阶段美术教学中的一种重要方法,它要求教师在教学设计中始终坚持以学生为本,注重情境的真实性、有效性和综合性,创造一个充满乐趣和挑战的学习环境,让学生在情境中学习、成长、创新,从而实现教育的目标和价值。

第三节 立美美术理念下美术情境教学的设计程序

在义务教育阶段美术教学中,美术情境教学模式备受一线教师欢迎。然而,在情境教学的设计程序中,也暴露出了一些问题。例如,教师往往只注重设计情境的单一事件背景,而忽视了情境中背景、知识和思维等多元复杂的关系;教师只重视教学中情境的起点创设,而忽视了动态的教学过程,即从情境中来回穿梭;还有教师只关注情境在知识传授中的工具价值,而忽视了情境在培养学生思维和情感等方面的内在功能。

在义务教育阶段艺术课程中,"突出课程综合"的前提是创设适当的问题情境。真实的问题情境往往是由诸多现实要素构成的复杂现场,学生要解决这些问题,需要将不同艺术类型、不同学科的价值进行组合运用。因此,通过对义务教育阶段美术情境教学各要素线索的厘定,可明确情境教学在动态推进过程中的设计程序,体现情境教学在义务教育阶段美术教学中的价值,为顺利推进义务教育阶段的情境教学提供思路和借鉴。

一、美术情境教学设计程序的横向四线索

在美术情境教学的研究中,逐渐清晰了情境教学过程中的线索。情境教学的线索可以分为以下四个方面:背景线、知识线、探究线和思维线。

背景线用来承载具体事件情景中的知识信息,是情境教学的基础结构,也是促进学生思维形成和发展的重要环节。根据前人的研究成果,背景线可分为艺术史背景、美术知识背景、技法学习背景和创意实践背景。

知识线是解决具体问题过程中所应该具备的学科知识,学生对其的有效掌握和应用,是检验学生美术学习效果,以及促进学生思维形成和发展的重要抓手。在解决问题的过程中,学生需要掌握并应用各种学科知识。学生对这些知识的有效掌握和应用不仅能够评估他们的美术学习效果,还可以促进他们的思

维发展。学术界已经就将知识分为陈述性知识、程序性知识和元认知知识达成了一致意见。这种分类方法是依据知识的共有特征进行的,换言之该分类标准适用于大部分的学科知识。在深入探究美术学科的内涵时,为了准确体现其专有特征,美术知识被划分为两大部分:一是体现美术学科独特性的学科本体知识,包括艺术理论、创作技巧等,这是美术学科立身之本;二是展现与其他技能性学科共同特征的跨学科知识,这些知识虽源自不同领域,却在美术实践中发挥着不可或缺的作用,它们丰富了美术的广度,使之更加多元。例如,"空间"这一概念属于美术本体知识,而物体空间结构在美术设计中的运用则是跨学科知识,其既是解决空间问题的典型代表,也体现了学科间共同的知识方法。

情境教学"意境说"中将"活动"作为开展情境教学的操作要义之一。情境教学研究的过程,本质上是一个由未知到已知、由具象到抽象的过程。而实现这一过程的重要活动载体便是艺术探究,其是作为美术学科有别于其他学科的重要显性特征,在美术情境教学的过程中能发挥重要的作用。因此,在美术情境教学开展的过程中,将探究活动作为教学开展的主线,无论就学科本身特点而言,还是从学生心理认知的角度而言,都是具有重要作用的。艺术探究活动的开展不能狭义地认为只有绘画、设计、完成探究任务才算是探究活动。教师应该从广义的角度来看待探究活动,凡是能激发学生积极参与、主动思考和自主建构的活动过程,都应被认为是一种探究活动,如问题思考、合作讨论、技法表现等。

探究线是促进学生素养形成和发展的重要驱动力。它如同一条隐形的脉络,贯穿于整个教学过程,不断激发学生的探究欲望,培养他们的探究能力和创意能力。在教学中,教师应该积极鼓励并广泛运用各种探究活动。这些活动可以是针对某一美术作品的深度解析,也可以是对某一创作技法的实践探索。通过引导学生主动参与、积极思考,让他们在探究的过程中发现问题、解决问题,从而不断提升自己的美术素养和综合能力。同时,教师还应注重探究活动的多样性和趣味性。通过设计丰富多样的探究任务,让学生在轻松愉快的氛围中感受到美术学习的乐趣。这样不仅能够提高学生的参与度,还能够激发他们的学习兴趣和动力,使教学效果事半功倍。探究线在情境教学设计程序中扮演着举足轻重的角色。只有充分激发学生的探究欲望,培养他们的探究能力和创意能力,才能让他们在美术学习中获得更多的成长和收获。

思维线是课堂教学对学生产生正向影响的重要指标。情境教学是一种教学模式,通过创设优化情境来激发学生热情,将情感活动与认知活动融合在一起。学生的思维发展是情境教学的核心。目前,与思维分类有关的典型理论有布鲁姆的目标分类法,即将认知域分为记忆、理解、应用、分析、评价和创新等。思维内容是经过思维加工后的最终产物,主要包括现象、概念和规律等;思维方法主要包括分类比较、综合分析、抽象概括、推理论证等处理信息的具体方式和手段。具体教学过程中所指向的思维应该主要集中在思维方法层面。因此,在前人研究成果的基础上,笔者以艺术感知、描述分析、解释评价、抽象概括、比较类比、推理演绎、迁移应用、想象创造作为美术情境教学过程中的思维发展目标。综上所述,背景线、知识线和探究线最终的落脚点都应该体现"思维"立意,而思维线又对前三者起到统摄总领作用,可见各线索要素是相互交织、彼此联系的有机整体。

二 美术情境教学设计程序的纵向三阶段

美术情境教学设计程序在实际的教学过程中表现为先情境化(具象化)、然后去情境化(抽象化)、最后再情境化(应用化)三个程序阶段。

(一)具象化——创设美术情境阶段

李吉林老师指出情境学习需要四大核心元素——真、美、情、思[1],其中"真"指的是学生所生活的真实世界,即客观外物,教师创设情境的第一步便是帮助学生走进一个可视、可听、可闻、可感的真实世界。而教学就应该从"真"出发,"由真立美,由真启智,由真向善"。美国实用主义教育家杜威也倡导从做中学,强调学生应该从经验中学、从实际生活中学。由此不难发现,两位教育家虽然所处的时代背景、文化背景不同,但是他们的观点却有相同之处,即肯定真实情境在学生学习过程中所扮演的重要角色。而美术知识本身具有高抽象性和强逻辑性的特点,因此在美术课堂教学的起步阶段,使美术知识具象化、情境化,对整个教学的顺利开展有助推作用。具体来看,有效创设美术情境,可以更好地激发和调动学生的学习积极性和主动性;可以为学生提供感性化的前概念、

---

[1] 李吉林."意境说"导引,建构儿童情境学习范式[J].课程·教材·教法,2017,37(4):4-7,41.

前经验,有助于学生对后续新知识的同化学习;可以将新知识蕴含于生动形象的情境之中,通过对情境化知识的学习,有助于学生实现美术知识与现实生活的有效联结。

(二)抽象化——分离美术情境阶段

在立美美术教学初期,具象化的情境创设可以帮助学生对知识有更直观的认识。然而,在义务教育阶段美术教学中,教师的目标是培养学生的思维能力。学生不可能永远停留在感性认知阶段,他们应该逐渐发展抽象思维和创造性思维。因此,从具象化的情境过渡到情境分离和抽象化的思维是学生心理发展的必然结果,也是情境化教学的目标。当然,所谓的情境分离并不是简单地将美术知识从情境中剥离出来,这样会导致知识与情境相互对立,不利于学生对美术知识的深入理解,也不利于美术思维的形成。其关键是让知识融入情境中,通过有效的问题设置、教师的适时引导、正确的教学方法和有序的探究活动,使学生在情境中实现从感性思维到理性思维的转变。这个过程也是美术知识学习、美术方法学习和美术思维学习三者和谐统一的过程。

(三)应用化——再入美术情境阶段

同第一个程序相比,两个阶段仅在教学外在形式上有相似性,就内涵而言大相径庭。第一阶段是以感性认知、增加体验、丰富前概念为目的的情境创设,而这个阶段是以知识的再运用、能力的再提升、思维的再发展为目的的情境再创设。

认知结构迁移理论认为学习者在习得新知时,可用性高、可辨性大、稳定性强的认知结构可以有效促进对新知的学习迁移。在实际教学中,可以通过改变教材结构、内容或呈现新的情境,来优化学生原有认知结构以达到迁移的目的。再入美术情境的教学实际上是一个对学生知识迁移和创新能力有效培养的过程。当然,再入美术情境的教学创设也有其自身的特点——实现学生对知识的运用和高阶思维的培养。因此,此类情境必然具有知识综合性、思维品质创造性和发散性的特点。所以,此类情境往往是以高阶问题、新颖实验、创新项目、现实生活等形式和背景为基础,来实现再入情境化的教学。

可以说,美术情境教学的三个程序阶段不可分离。具体来看,具象化阶段在激发学生学习积极性和主动性的同时,为后续抽象知识的学习提供丰富的感性经验基础。而抽象化阶段可以有力促进学生能力和思维的养成,为第三阶段的教学提供坚实的智力保障。最后,应用化阶段是对先前形成的思维和能力的再实践化,以此促进知识、能力、思维的再提高。至此,美术情境教学整体框架基本厘定。总的来说,美术情境教学是由三个阶段设计和四条线索构成的一个纵横延展的复合结构。每个阶段既有前后关系的连续性,又有功能定位的独立性,在教学过程中既不能弱化其中的程序,也不能割裂彼此间的联系。(图2-1)

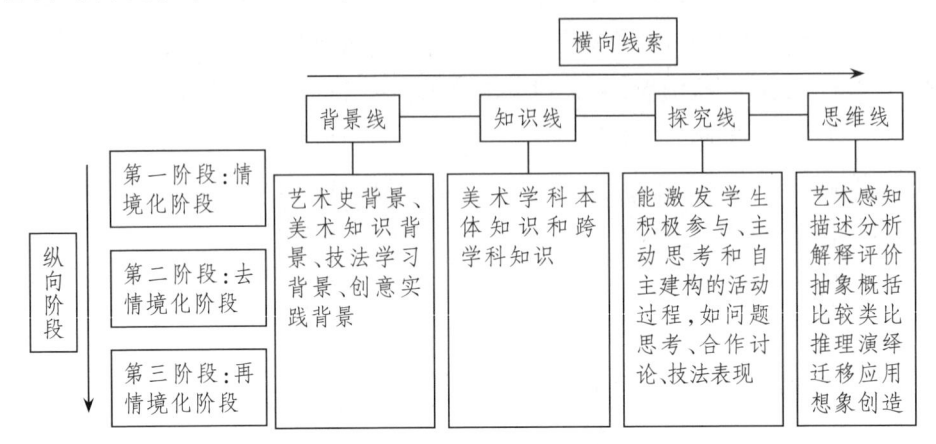

图2-1 义务教育阶段美术情境教学"横向四线索"和"纵向三阶段"结构

在义务教育阶段美术情境教学中,要学会钻研教材,吃透内容,教学内容要具有多元性、真实性。针对形式化的误区,教师要根据教学内容构建情境,摒弃"杜撰"。抓住教学关键,提高情境实效性,如此才能激发学生的求知欲和好奇心,从而让学生和教师在课堂上产生共鸣。

三 美术情境教学设计程序的课堂实施

(一)全程情境视情况

教师应根据教学内容的具体情况,选择在整个课堂中贯穿情境教学,而不仅限于导入环节。例如,在上人教版《美术》八年级上册第二单元"读书、爱书的情节"第1课《书林漫步》时,教师采用故事情境贯穿整个课堂的方式,设计一个为中国古代书籍办理身份证的教学情境。学生通过了解中国古代书籍的发展演变,逐渐丰富关于不同时期的书籍知识,并从中提取每一种书籍的身份特征。这种采集古代书籍身份信息的活动,能够让学生持续保持兴趣,并营造和谐的课堂氛围,从而达到最佳教学效果。因此,教师应该意识到创设情境要根据具体情况进行。

(二)情境运用要真实

创设情境教学的一个特点就是真实性。在上人教版《美术》七年级上册第三单元"传递我们的心声"第1课《有创意的字》时,教师通过创设故事情境,以马云摆摊开店需要设计店名招牌为情境,引导学生参与角色扮演,使他们通过实践来感受创意字设计,从而提升参与感。同样,在第2课《精美的报刊》一课中,教师创设武汉热干面的宣传情境,让学生学习报刊的设计元素及其内容,学生仿佛置身于真实场景中。

(三)情境时间把控好

从情境开始到结束,学生在情境中感受并获取知识是最重要的,情境的时长并不关键。例如,在上人教版《美术》七年级上册第五单元《实用又美观的生活用品》一课时,第一轮创设的故事情境是荒岛求生,机器猫提供很多求生的工具,但该情境没有严格把控时间,课堂效果并不理想。在第二轮中通过缩短情境的时间并搭配多种情境,课堂效果变得更加高效。

(四)情境过渡衔接好

在创设多种情境时,学生需要有一个自然、连贯的过渡过程,否则容易消耗学生的精力和学习时间,从而影响学习效果。例如,在上人教版《美术》七年级下册第二单元第2课《春天的畅想》时,教师借助多媒体创设动画情境,先让学生完整观看本节课所学的内容,然后进行总结并提出问题(俗话说:一年之计在于春。春天是自然界万物复苏、生命萌动的季节,更是人们辛勤耕耘、播种希望的季节。在春风的吹拂下,春天的一切都充满了活力,百草吐绿,百花争艳,百鸟欢鸣,它孕育着生机,萌生着希望。美术家是如何表达春天的?春色体现在哪?春天的色彩为什么如此丰富?),这种过渡方式能够让学生在过渡阶段稍微放松一下大脑。教师接着引导学生通过欣赏与评析,体会自然和艺术共同的美感及不同表现方式。结合学生自己的观察、发现,让学生大胆地想象,帮助学生感受艺术家以不同角度、不同形式对春天的赞美，同时抒发自己对春天的感受，提高学生的鉴赏能力和绘画创作表现能力。

四 美术情境教学的路径与策略

义务教育阶段美术情境创设，实为情境教学的起点与基石，而学生素养的提升，无疑是教育的核心目标。关于情境教学的实施，其路径往往涵盖三个紧密相连的步骤：首先是情境的精心创设，其次是将情境与学习内容进行巧妙的分离，最后是情境与知识的有机回归。尽管这一流程与学者提出的"情境化—去情境化—再情境化"三阶段有所出入，但实质上所蕴含的教育理念是一致的。

情境教学的这三个环节，每一环节都不可或缺，它们相辅相成，共同构成了完整的教学体系。只有深刻理解和把握这三个环节之间的内在联系，教师才能充分发挥情境教学的优势，帮助学生高效地完成从"感性认知"到"新知建构"，再到"新知应用"的学习过程。这样的教学方式，不仅能够提升学生的美术素养，更能够促进学生各项能力的全面发展。（图2-2）

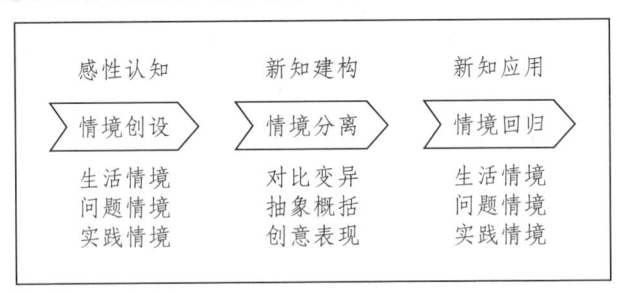

感性认知	新知建构	新知应用
情境创设	情境分离	情境回归
生活情境 问题情境 实践情境	对比变异 抽象概括 创意表现	生活情境 问题情境 实践情境

图2-2 美术情境教学的实施路径与策略

（一）情境创设

情境创设是指教师为了达到特定的教与学目标，有意识地创造并优化一种环境氛围，旨在帮助学生形成直观而深入的认识。在立美美术理念下的美术教学中，尤其注重情境设置的生活性和趣味性，同时强调其与教学内容之间的实质性联系。情境创设的质量直接关乎后续情境教学的效果。

在创设情境时，务必紧扣教学主题，确保情境能够涵盖并凸显教学重点。同时，情境应蕴含一定的问题，能够有效激发学生的思考。课堂教学中的情境创设，旨在服务教学内容，通过构建源于现实、贴近学生生活经验的场景，来展现教学任务，帮助学生形成深刻的感官与思维体验。

具体而言,情境教学的创设通常包含以下两个步骤。

第一,基于学生的实际情况组织素材。情境教学的素材来源广泛,多来自日常生活与生产实践。教师在选取素材后,需结合教学目标、内容以及学生的具体情况,进行加工与转化,以构建适宜的教学情境。情境选择应多样化,没有单一方法适用于所有教学目标、学生或班级。情境选择也应趋近美术学科本体,选取最能体现美术特征的情境,同时选择学生易于观察和理解的情境。

第二,立足学生素养进行情境创设。按照教学主题的不同,情境创设可分为生活情境、问题情境、创造情境等。这些情境有助于学生深化学习体验,发展艺术思维和审美探究能力,进而提升综合素养。例如,生活情境是教师利用贴近学生生活和社会实际的素材创设的教学环境,这类素材蕴含着丰富的美术知识与技能。在创设生活情境时,可采用巧设悬念、运用多媒体技术、利用生活素材等方法。如"环境设计"教学中,可通过录制周边优美环境的方式,帮助学生理解环境设计的方法。问题情境是为深入探讨某一概念或规律而设,主要活动包括思考、推理、论证和总结。有效的问题情境应具备诱发性、探索性和层次性等特点。在创设问题情境时,需选取合适的素材,设置紧扣情境的问题,并注重问题的梯度,引导学生逐步深入探究,揭示美术知识的本质。创造情境则侧重于美术创作环境的营造,让学生亲身实践,体验美术技能的发现过程和研究方法。在创造情境中,学生通过观察和动手实践,主动发现、思考和联想,从而在愉悦的氛围中自然地将思维转向美术知识的学习,同时促进学科核心素养的发展。

(二)情境分离

情境分离就是去情境化的过程,将知识从具体的情境中分离抽象出来,从而使之超越情境,成为概括性知识。情境分离是从感性认识到理性认识的飞跃,使学生获得一般化的抽象知识。在美术情境教学中情境分离占据着举足轻重的地位,它不仅是学生新知识体系构建的基石,更是推动美术思维和技能不断提升的关键步骤。在情境分离阶段,教师应精准把握知识的核心要点,以此激发学生的思维活力。面对理解上的难题,情境分离有助于学生构建美术空间模型,掌握科学的探究方法。而在思维发生转折的时刻,情境分离更能促进学生将旧知识顺利迁移至新知识,从而完成知识体系的更新与升级。通过情境分离,学生能够实现知识与思维的双重提升,提高创意实践能力,为全面发展奠定坚实基础。

(三)情境回归

情境回归即再情境化的过程,其核心在于推动新知识的迁移与应用。这一过程通常通过构建与原学习情境相契合的迁移情境来展开,使学生能够运用所学新知识,有效应对新的问题与挑战。情境回归不仅是学生思维从抽象到具体的跃升环节,更是培养其学习迁移能力和理论联系实践能力的关键环节。围绕学习任务,发掘与学生生活经验相关或学生感兴趣的情境素材,让美术课程所孕育的美术观念和艺术思维,成为我们分析、解决生活问题的有力工具。在解决问题的过程中,教师的探究能力将得到进一步提升,实践意识将更加坚定,学科态度也将逐渐养成,进而促进美术核心素养的全面形成。由此可见,情境回归的重要性不言而喻。

立美美术理念下的教学,教师常采用的策略包括:创设生活情境,使学生能够在熟悉的生活场景中运用所学;创设问题情境,通过提出具有启发性的问题,引导学生深入思考;创设创造情境,鼓励学生发挥创意,将所学知识转化为实践成果。这些策略共同助力学生实现情境回归,促进他们的全面发展。

综上所述,义务教育阶段美术情境教学的设计程序是一个系统而完整的体系,涵盖了情境教学的各个方面,为美术教学实践提供了有力的指导。通过不断地探索与实践,教师需进一步完善这一设计程序,为培养具有创新精神和实践能力的美术人才贡献力量。立美美术理念下情境教学的设计程序中,横向四线索的梳理明确了情境教学在美术教学中的多维度应用,有效整合了教学资源,提升了学生的综合美术素养;纵向三阶段的划分,则使教师能够系统地进行情境教学的设计与实践,确保教学目标的顺利实现。而课堂实施作为整个设计程序的关键环节,更是将理论转化为实践的重要步骤,通过具体的课堂操作,学生可在真实的情境中感受美术的魅力,从而提高学习效果。

第三章

立美美术理念下美术情境教学的设计范式

在《义务教育艺术课程标准（2022年版）》中，美术学科的课程内容被精心设计为四种类型的艺术实践活动，即"欣赏·评述""造型·表现""设计·应用"以及"综合·探索"，共计16项详细的学习内容。这些内容根据学生的不同学段进行设置，并巧妙地融入相应的学习任务之中，以系统化的结构完整展现。在义务教育阶段美术课程四类艺术实践活动中融入情境教学的模式，根据学生的不同需求和学习风格，创设适合学生的教学情境，可以快速吸引学生的注意力。而强调个性化、差异化的教学，充分考虑学生的兴趣、能力和学习风格，有助于提高学生的学习效果和参与度，充分激发学生对教学内容的学习兴趣，进而显著提升学生的听课质量与学习成效。（图3-1）

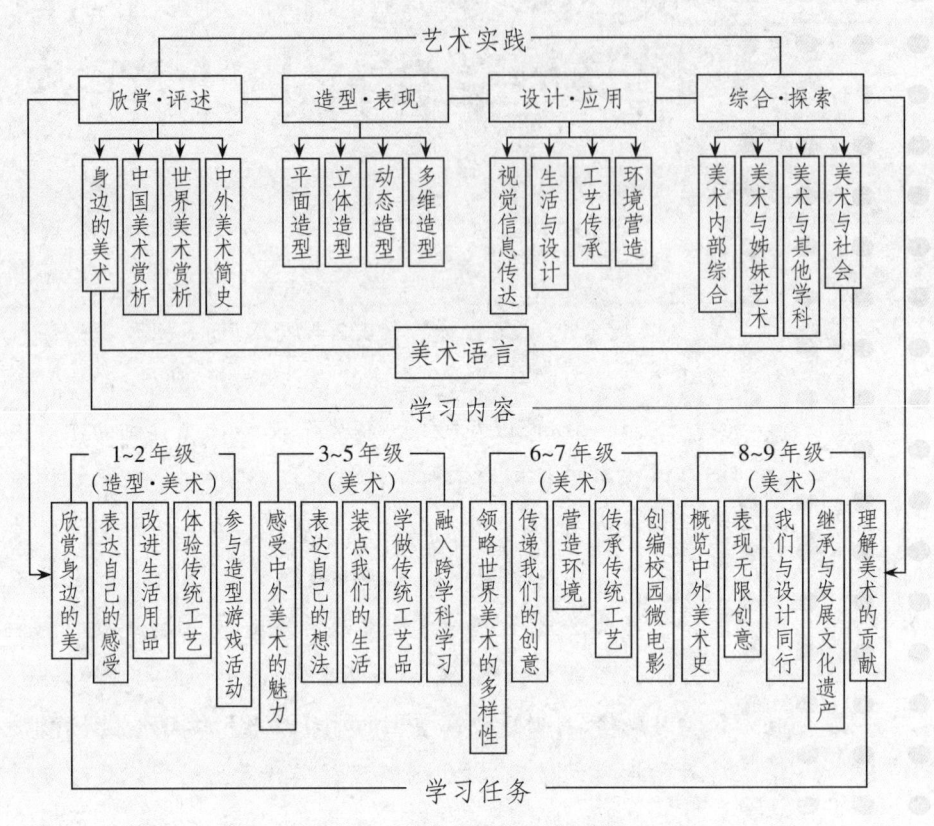

图3-1　美术学科课程内容框架

第一节 "欣赏·评述"类艺术实践情境教学的设计

义务教育阶段美术课程中的"欣赏·评述"类艺术实践扮演着至关重要的角色。"欣赏·评述"实践活动以落实审美感知与文化理解两个艺术核心素养为主线，引导学生学会解读美术作品，理解美术及其发展概况，在教学活动中发现美、感知美，丰富审美体验，提升审美情趣。通过欣赏、感受特定文化情境中的艺术作品，引导学生在艺术实践活动中形成正确的历史观、民族观、国家观、文化观，了解尊重世界文化多样性，增强文化自信。以培养学生审美感知能力、获得审美体验为重点，从艺术美到自然美、生活美和社会美的感知，旨在培养学生具有一双能发现和欣赏美的眼睛，侧重指向有关审美感知的核心素养。要求学生掌握解读美术作品的能力，并深入理解美术的发展概况。这一艺术实践是培养学生审美感知和文化理解素养的重要途径。在义务教育阶段的艺术教育中，"欣赏·评述"这一艺术实践环节占有举足轻重的地位。它以培养学生的审美感知和文化理解两大核心素养为目标，通过具体的学习活动，促使学生深入探索美的本质，增强对美的直接感受，开阔审美视野，从而提高他们的审美品位和审美鉴赏力。透过对特定文化背景下艺术作品的欣赏与体验，教师应当引导学生在其艺术实践活动中树立正确的历史观、民族观、国家观和文化观，同时认识到并尊重世界文化的多样性，以此来巩固和增强他们的文化自信心。学生可以进一步了解并鉴赏各种作品的艺术形式和创作风格。同时，还能够培养他们对艺术作品的独立思考和批判性分析能力。这将为学生今后深入研究和欣赏美术作品打下坚实的基础。在立美美术理念下的情境教学中可能会遇到一些问题，通过采取以下策略和方法，可以有效地解决这些问题，并将美术欣赏课变成一个师生互动、情感交流和艺术思维碰撞的场域，以促进学生的艺术素养发展。

一 "欣赏·评述"类艺术实践情境教学的设计意义

《义务教育艺术课程标准(2022年版)》以任务驱动的形式将美术课程内容划分为四类艺术实践活动,"欣赏·评述"为四大艺术实践活动之一,其注重通过讨论、感知,激发学生内心感受,引导学生思考如何运用其他表现手段进行艺术表达,促进学习的迁移,从而达到核心素养的内化。美术欣赏是通过感官体验的方式来理解、分析和解读美术作品,强调对作者生平、作品艺术风格和深层含义的探讨。在义务教育阶段美术课程中,美术欣赏课程的设置具有其合理性。它是基于义务教育阶段的审美要求,学生的心理发展特点、认知结构和审美发展需求而设计的,既回应了现实需求,又与学生的智力发展水平相契合。例如,从视觉角度进行基本的审美评价,运用对比方法找出作品之间的内在联系和差异等。义务教育阶段美术的"欣赏·评述"课程不仅要求学生表达自己对作品的直观感受,还要求他们能够形成一定的艺术批评能力。这是对初中阶段学生艺术学习更具体、更严格要求的体现,也是美术教育的创新突破。通过"欣赏·评述"课程,学生可以培养自己的审美能力和批判性思维,提升对美术作品的理解和欣赏水平。同时,这也有助于促进学生的情感发展和文化素养的提高。初中美术教育应当注重培养学生综合素质,使他们在美术学科的学习中能够获得更深入、更广泛的收获。关于情境教学的意义,学生课后的反馈就是最好的印证。有学生上完"欣赏·评述"课程后说:

  文化是民族赖以生存的积淀。而美术科目为我们打开了文化大门。在"欣赏·评述"课程学习中,我不仅欣赏了《蒙娜丽莎》等无价之作品,也了解了诸如凡·高一类艺术家的坎坷人生,更被中华民族绚丽的文化给深深吸引了。老师在课堂上设置"名画欣赏微赏会"情境,当北宋画家张择端的《清明上河图》一画呈现在我的眼前,曾经是个"艺术文盲"的我也会暗自称赞。纤细的笔锋绘制了一幅漫漫长卷,细腻地勾勒了每一名人物的神态,栩栩如生的人物更显得富有神韵;齐白石老人晶莹剔透的虾米,促使我恨不得把画面上的虾给生剥了吃;徐悲鸿威风的骏马,使我有了策马奔驰的冲动;张大千的宁静的山水画,陶冶了我那略显躁动的性情;广大劳动者的工艺精湛的布老虎、小泥人等无不勾起我的童心;剪纸,一张红纸和一把剪刀竟能变出这么多的花样来……有时候,艺术离生活确实很遥远;但有时候,离我们的生活又那么近。我想在义务教育阶段设计"欣赏·评述"类艺术实践活动,大概是为了启迪我们的审美情操吧!

"欣赏·评述"艺术实践活动具有双重功能,一是能帮助学生了解美术的语言、形式与内容、发展历程与规律,理解美术的价值,从而建立较为完整的美术观;二是为学生的艺术创作提供价值与方法的引导。在立美美术理念下,情境教学的创设也要以核心素养的养成为前提,教学实践活动设计需要建构较为完整的观念群,能够涵盖美术的基础知识与价值系统,并根据情境教学相应的建构,完成任务设计。在情境中完成项目任务,理解美术文化,解决基本问题,感受美术的魅力。作为义务教育阶段美术教学的重要组成部分,"欣赏·评述"艺术实践活动在推动学生审美素养和艺术批评能力发展方面具有积极意义,也是教育教学改革中的重要内容。教师应该不断更新教育理念,创新教学模式和方法,以提高教学效果和质量。

二 "欣赏·评述"类艺术实践情境教学的目标设计

义务教育阶段美术课程的总目标之一是"感知、发现、体验和欣赏艺术美、自然美、生活美、社会美,提升审美感知能力"。旨在引导学生通过欣赏美术作品,运用文字和语言从认知、感受、理解等层面对审美对象进行描述。根据《义务教育艺术课程标准(2022年版)》的阐述,美术课程以对视觉形象的感知、理解和创造为核心,是学校美育教育的主要途径,也是义务教育阶段所有学生的必修基础课程,在实施素质教育中具有不可替代的作用,强调视觉性、实践性、人文性和愉悦性。

义务教育阶段美术教材中包含着丰富的"欣赏·评述"内容,与新课程改革的目标相吻合,有助于学生培养审美能力。从课程目标方面来看,经过小学阶段的学习,初中学生已经具备一定的智力基础和初步的审美意识,可以深入学习更高层次的美术知识。每个学段对"欣赏·评述"领域具体的目标要求呈现递进关系,教师能够更好地确定教学目标和评价要求,从而实现"教、学、评"的一致性。美术与生活紧密相连,提升学生的审美能力,有助于他们发现生活中的美。因此,在"欣赏·评述"课程教学中,教师应结合生活实际,发掘生活中的审美资源,引导学生发现美、欣赏美、探索美,并运用辩证思维分析、归纳和总结自己的审美体验,从而提升审美能力。

随着年龄的增长,学生对信息的加工更彻底,思考、解决问题的能力更加全面,能认识到他人与自己有着不同的思维和情感,并开始理解他人的行动,可以做到从旁观者的角度来解释他人行为,因此对于社会的认识也逐渐趋于客观与深刻。义务教育阶段的学习目标包含学生在特定文化情境中对艺术作品人文内涵的理解广度与深度方面的能力要求,更多地指向学生非认知能力的培养。要求学生能运用感悟、讨论、比较等方法,口头或书面表述对"世界美术的多样性和差异性"的感受和认识。在"欣赏·评述"课程教学中,教师需要具备精湛的教学技巧和专业能力,从教学方法、课程设计、教学媒介到课程结构和评价总结,均应符合《义务教育艺术课程标准(2022年版)》的要求。同时,教师应充分发挥学生的主体作用,让每个学生都能在美术欣赏与评述中展现主观能动性,在学习新知识和技能的过程中培养审美能力。此外,教师还应引导学生以积极、主动、严谨和认真的态度学习,培养他们审美能力的同时,塑造他们良好的情感态度和价值观,让他们学会关注生活、发现生活中的美。

在"欣赏·评述"课程教学中,教师和学生构成一个不可分割的整体。因此,教师应重视师生间的平等沟通,注重师生情感的交流,充分发挥"欣赏·评述"课程的优势,提高学生的审美感知能力,增强学生的艺术体验,培养学生的艺术素养。

三 "欣赏·评述"类艺术实践情境教学的策略选择

在义务教育阶段美术教学过程中发现,"欣赏·评述"类艺术实践情境教学是一种有效而广泛的艺术实践活动,可以激发学生的学习兴趣和主动性。通过专题欣赏、随堂欣赏和现场欣赏等方式,以及讨论、探究、比较等教学方法,激发学生关注作品题材、分析作品形式、探究作品内涵的兴趣,让学生感受中外美术作品的魅力,从而保证教学理念、方法、内容与目标的一致性,真正实现培养学生艺术素养的目标。在进行情境教学时,教师需要设计合适的情境,实施多种教学策略,灵活运用不同课型,并进行课后反思和评估。

第一,教学目标要紧贴情境。教学目标是根据教材制定的标准,在符合教学内容的基础上,适应学生的实际水平。所有美术课堂的教学过程中,创设情境时不能只重视情境效果而忽视教学内容,否则教学效果会受到影响。因此,创设情境必须结合教学目标,不能脱离主题。如根据学生的认知特点,创设问题情境,运用美术欣赏方法,从表现形式、内容和文化背景等层面,引导学生去体会时代背景、人文精神对艺术追求的影响。

第二,挑选情境材料应精心考虑。随着年岁的递增,学生对于信息的处理愈发深入,他们在思考及解决问题的能力上显现出更加全面的特质。他们能够洞察到自己与他人在思维与情感上的差异,并开始洞察他人的行为动机,甚至能够以旁观者的视角来诠释他人的行为选择。因此,他们对社会现象的理解也日渐趋于客观与深入。在这个过程中,学生在特定文化背景下对艺术作品中蕴含的人文深意的领悟,更多地体现了对学生非认知能力的塑造与培养。在传统的美术课堂中,教师在选择素材时经常忽视素材是否与学生相适应,导致教学效果不确定。教师需要在制定教学目标和掌握教学内容的基础上积累素材,这些情境素材需要根据学生的年龄、喜好等进行更新。教师要想教育好学生,就要先了解学生的内心倾向,然后正确引导学生。例如,在人教版《美术》九年级上册第一单元"感受中国古代美术名作"第1课《独树一帜的中国画》的教学中,教师考虑到学生处于青春期这一特殊阶段,选择创设观看一次中国古代山水画展的情境,并以"设计艺术家们为什么这样表现?""我们应该怎样欣赏这些作品呢?"这些问题来吸引学生。通过多次实践,教师的情境素材选择能力显著提升,能综合考虑初中生的心理来选择合适的素材。

第三,情境符合认知水平。认知水平包括专注力、判断力和思维能力等对信息的处理能力。人类是从儿童阶段逐渐发展成熟,形成自己的认知结构的。教师需要根据学生已掌握的知识基础进行情境创设。如果情境超出学生年龄段,学生将无法理解,反而增加他们的学习负担;如果情境过于简单,也无法达到相应的教学效果。例如,在教授人教版《美术》九年级下册第四单元《20世纪中国美术巡礼》一课时,要知道20世纪大变革的中国社会,美术作品在题材内容、艺术形式和艺术风格等方面发生了很大的变化,而处于青春期的初中学生,他们的思维较活跃、灵敏性强,只是缺少对知识系统的总结。创设问题情境可以帮助学生建立整体知识框架,从而掌握系统的知识。学生可以运用社会系统和信息来分析、比较、评价自己和他人的观点,且学生的道德情绪、情感表达水平高,更容易产生道德移情反应,更容易形成对民族、国家情感的认同,对学生坚定文化自信、形成开放的心态和全球意识具有重要的意义。

四 "欣赏·评述"类艺术实践情境教学课型的选择

"欣赏·评述"类艺术实践情境教学可以发展学生的美术欣赏能力,促进学生审美能力和审美品位的提高,其包括中外美术简史、中国美术赏析、世界美术赏析和身边的美术四项学习内容。欣赏,不仅仅指的是以愉悦的心情观看美术作品,而且要了解美术作品的形式美及含义。欣赏分为两个层面,一是以直观的方式进行欣赏,二是以理性的方式进行鉴别。评述,即进行美术评论,又称美术批评,一般来说美术评论是对艺术作品质量和意义的评价。学生不仅要从美术形式语言(线条、色彩、明暗、构图、肌理等)方面尝试分析美术作品的艺术特点,还要从美术史的角度和美术与社会、文化的关系等方面研究作品的意义。

(一)教学描述

对每个学生来说,他们都喜欢听故事,以一个故事为主线,并搭配辅助情境,可以引导学生紧跟教师的思路,逐步深入课堂。如人教版《美术》七年级下册第一单元"美术是创造性的劳动"第1课《源于生活 高于生活》的教学中,因为美术作业与现实生活紧密相连,教师第一次虽然创设了故事情境,但与后面的情境是割裂开的,不能自然地进行衔接。在第二次教学中,教师通过一个微信聊天的情境贯穿全课,整体感更强。教师在叙述故事情节时,分别设置了添加微信好友、群聊天、群展示等教学环节,并搭配图片、影视、游戏、角色扮演等生活情境。对教师来说,这样的教学设计思路更清晰;对学生来说,内容变得更容易掌握。

(二)课后反思

在义务教育阶段美术情境教学运用的行动研究中,笔者发现优质课堂离不开教师的反思与改进。教师在上完一节课后要回顾课堂情况,将在上课过程中没有注意的细节再次放大,例如使用情境教学时学生是否一直紧跟教师的思路走,在讲授难点时学生是否能听懂,教师所用的情境类型是否合适,等等,再将这些问题汇总成文本或写成反思日志。此外,教师将所记录的情境教学问题整合后进行原因分析,作为第二次备课。这样的方式往往促使教师主动去寻找合适的方法,提出改进方案,再进行实施直至达到满意,从而提高情境教学质量,为教师的情境教学提供良好的氛围。

五 "欣赏·评述"类艺术实践情境教学模式的框架构建

课堂是学生学习知识、培养技能的重要场所。为了最大化课堂教学效能，教师应积极创新教学模式，结合学生的认知能力、身心发展特点和已有知识储备，设计科学、高效、精准的教学方案。美术"欣赏·评述"课程尤为如此，它不仅要求学生掌握基本的美术知识，更需要培养他们的审美能力和创新思维。

第一，情境教学法与问题教学法相结合。在"欣赏·评述"课程教学中，教师可以通过创设问题情境，引导学生发挥想象力和创造力，完成对美术作品的赏析和评述。这种方法不仅有助于吸引学生的注意力，提高教学效率，还能有效培养他们的思维能力和创造力。

第二，鼓励学生以批判的眼光欣赏美术作品。通过引导学生对作品进行深入分析、评价作者观点、提出个人见解等方式，培养他们的批判性思维和独立思考能力。这将有助于学生在欣赏艺术作品时形成自己的独特观点和见解。

第三，充分尊重学生的主观能动性。在教学过程中，教师应鼓励学生大胆表达自己的想法和感受，并对他们的观点给予充分的尊重和肯定。这将有助于培养学生的自信心和创新意识，使他们在学习过程中更加积极主动。

第四，教师要不断提升自己的专业素养和教育理念。关注最新的教育技术和教学方法，结合自己的教学实践，不断探索适合学生的教学模式。同时，教师之间也应该加强交流和合作，共同分享教学经验和资源，以提升整体教学效果。

义务教育阶段"欣赏·评述"领域的情境教学，学生上完课后有什么心得体会呢？听听他们怎么说：

何谓美术？在上课前，我心里的美术就是单纯的画。美术"欣赏·评述"是一个非常有意义的领域，在老师的情境创设中我认识了不同时代、不同民族、不同文化、不同社会制度的人们的生活、历史、风俗、行为、艺术、观念等，甚至包括我在内的整个世界。我还从中受到了思想道德上的感染和影响，培养了对待自然、社会、人生、他人以及自我判断上的积极观念和热情。在老师的指导下，我也学会了许多欣赏与评述的方法，培养了对美的事物及美的形式的辨别能力、敏感性和感受力。由此我学会了欣赏生活中的每一个片段。细细地品味，居然也能够品出些人生感悟。原来，美术欣赏是如此美妙，美不仅体现在课本上，也体现在美术作品上，甚至体现在生活情境中的点点滴滴上。何谓"美术"？这就是美术，从情境创设学习中寻找发现美的方法，从生活中采集美的瞬间，然后藏在心里细细品味,这或许就是美术的真谛,是艺术永恒的原因。

总之,构建美术"欣赏·评述"类艺术实践情境教学模式的框架是一个持续的过程,需要教师和学生共同努力。通过创新教学方式方法,激发学生的主动性和创造性,培养学生批判性思维和跨学科能力,以及促进学生与艺术文化的互动等途径,教师可以为学生打造一个富有活力、充满趣味的美术课堂。在这样的课堂中,学生不仅能够学到丰富的美术知识,更能够在审美、创新、批判性思维等方面得到全面发展,从而为未来的生活和事业奠定坚实的基础。

第二节 "造型·表现"类艺术实践情境教学的设计

义务教育阶段美术课程中的"造型·表现"类艺术实践对学生掌握知识与技能至关重要。学生掌握美术知识、技能和思维方式,围绕题材,提炼主题,采用平面、立体或动态等多种表现形式表达思想和情感。以培养学生运用媒介、技术和独特的艺术语言进行创作、表现的能力,以及能够积极参与各类艺术实践活动,以具备丰富的想象力和创造力为目标,侧重指向有关艺术表现和创意实践的核心素养。

"造型·表现"是造型艺术中创造艺术形象的手法和手段。如绘画借助于色彩、明暗、线条、解剖和透视;雕塑借助于体积和结构等。这些手法和手段在长期的艺术实践中,逐步形成造型艺术独具的特殊的艺术语言,有了各不相同的表现法则,并最终决定艺术作品的好坏,以及艺术作品的感染力。造型表现是作为一般美术学习的"纯艺术性"诉求,只有对这一领域有清楚的认识,才能更好地做到对这一学习领域有所侧重,从而形成一个开放性的美术课程结构。"造型·表现"是义务教育阶段美术的一个门类,在学生的素养建构中具有重要基础性作用,是解决知识和技能问题、表达情感和思想的重要途径。造型是具有广泛含义的概念,是运用描绘、雕塑、拓印等手段和方法,把视觉形象用艺术的手段创作出来。表现则是通过美术创作活动来传达观念、情感和意义的过程。造型与表现是美术创造活动的两个方面,造型是表现的基础,表现是通过造型的过程和结果而实现的。本学习领域在义务教育阶段强调感受、体验和游戏性,通过看看、画画、做做,让学生积极参与表现活动,体验造型乐趣。

"造型·表现"类艺术实践的情境教学,符合义务教育阶段学生的年龄特点和美术学科的学科特点。通过情境将抽象的知识变为生动的感知过程,让学生更容易去体验、了解、转换这些知识点。情境教学可以结合现代科技手段,通过图、文、声、像等多种方法渲染教学情境,最大限度吸引学生注意力,激发学生的创作欲望。

一 "造型·表现"类艺术实践情境教学的设计意义

在"造型·表现"类艺术实践情境教学中,引入和创设情境对于培养学生的好奇心具有显著效果。教师在授课过程中,提供具有启发性和挑战性的内容和方式,能够激发学生探索问题的内在动力。通过创设恰当的情境教学方法和模式,可以培养学生的好奇心,增强他们对相关教学内容的学习兴趣。没有沟通就不可能有教学,失去沟通的教学是毫无意义的。在"造型·表现"类艺术实践课程中引入情境教学,有助于培养学生的协作能力。通过在教学活动中有效融入情境教学,可以为学生创造多样化、多层面的沟通情境和关系,从而显著提高课堂教学的效果和质量。为了更好地实现上述的课程教学目标,培养学生的创新精神和创作能力,以及健康的审美个性,须在"造型·表现"美术课程中加强情境教学的引入方法和设置模式。通过拓展思路,根据新课程改革的教学要求选择、设计、运用丰富多彩的情境教学,使其贯穿于整个教学过程,充实每一个环节。学生作为课堂的主体,应该自主学习和探究,教师在引导和协助学生完成系统学习过程的同时,要注重激发学生的学习积极性和创造性,发展学生的美术能力。

(一)学生层面

第一,通过激发学生对美术造型的兴趣,提升学生的学习动力。在教学过程中,采用游戏、角色扮演、视频、音乐欣赏、讲故事、实物演示等情境教学方法,可以快速吸引学生的注意力,并激发他们对造型知识的兴趣。

第二,拉近书本与生活之间的距离。义务教育阶段美术"造型·表现"领域课程的内容大多与现实生活相关。通过在教学过程中利用与生活相关的情境进行创设,学生可以更容易接受新知识,并发现课本上的知识与实际生活紧密相连。这将改变学生对美术的认识,彰显美术学科的意义和价值。

第三,在课堂中发挥学生的主体性。传统的教学活动更注重教师的"教",而忽视了学生的"学",限制了学生的全面发展。为了充分体现学生的主体性地位,需要创设有趣新颖的情境,吸引学生的注意力,激发他们的学习欲望和主动学习意识。随着学生学习方式的转变,学生会逐渐成为课堂的主体,提高学习的参与度。

第四,提升学生的审美能力。美术教师根据学生的需求,在"造型·表现"课程中创设相应情境,增强学生的审美情趣。通过引导学生欣赏艺术作品和现场实物展示等方式,帮助学生感受艺术作品中的美感和艺术深度,提升学生的审美能力。

第五,培养学生的观察能力和分析能力。传统教学中直接告诉学生理论知识的方式容易让学生产生厌学心理。通过情境创设引导学生积极参与教学过程,学生可以近距离观看、了解和学习相关知识。如学生在观察画面的过程中可以更加真实和客观地分析教学内容,从而培养观察能力和分析能力。

第六,有效促进学生的个性发展。传统教学中教师为课堂主体,一个模式、一个标准的教学形式容易导致学生个性的泯灭。新课程的核心理念是"以人为本",尊重每一个学生的个性发展。美术课堂应该是思想迸发、个性张扬的,创设有趣的情境教学活动让学生大胆发表自己的观点,互相学习。只有学生的个性得到充分发展才可能实现进步和创新。

(二)教师层面

第一,丰富教学手段,有效提升教学水平。传统教学方式相对单一,已不适应现代课堂教学需求。因此,在课程中引入多媒体、游戏、实物演示、活动等方式,可以为美术课堂注入活力,丰富教学手段,增添多样的教学方法。情境教学的运用有助于提升学生的观察能力、分析能力、审美能力等,符合当前核心素养时期对育人的要求。同时,这些手段也能提高学生的学习兴趣,使他们愿意学习、学会学习、喜欢学习,从而有效提升教学水平。教师应根据不同的教学内容和学生实际情况,采用相应的教学方法,并进行教学设计。通过优秀的表现形式,将美术课堂带入一个新的世界。

第二,构建和谐高效的美术课堂。在新课程改革中,强调教师要尊重学生的主体地位。在美术教学中,应从课程内容和学生实际情况出发,有针对性地创设情境,让学生成为主体,教师进行引导。通过让学生自主分析、自主发现、自主解决问题,将学生以往被动消极的学习状态转变为主动积极的学习状态。教师的教学方法和语言应符合学生的心理和生理发展特征,尊重学生的想法,调动学生的学习积极性和主动性,使学生个性得到张扬,更好地建立良好的师生关系。教师应开放学生的学习空间,为学生营造平等、自由的学习环境,打造自然、快乐、和谐的课堂,优化课堂结构,构建和谐高效的美术课堂。

第三,顺应时代发展,实现知识实际生活化。随着时代的飞速发展,传统教学方式已无法满足学生对知识的需求。利用互联网收集视频、图片、音频、讲解等教学资源,并进行加工整合和优化,已成为美术学科中非常重要的教学组成部分,顺应了时代的发展。这些多媒体内容形象生动,具有强感染力和表现力,与其他教学手段相比具有不可比拟的优势。创设生活化的情境教学,将课本内容与学生生活经验相整合,使课本知识实际生活化。缩短新知识与学生自身的距离,充分利用学生已有的经验求新知,发挥学生的主体参与意识,学生的记忆力和表现力会有一定的提升。

在立美美术理念下情境教学的引入和设置对于"造型·表现"课程具有重要意义,对新课程改革的推进和实施也具有关键作用。其不仅是新阶段美术教学的主要方式,也是学校美育实施的最佳辅助形式。新课程改革的教学目标需要通过恰当的情境教学引入和设置来实现,情境教学的创设也是帮助学生学习"造型·表现"课程及其他美术课程的有效途径。

二 "造型·表现"类艺术实践情境教学的目标设计

在义务教育阶段美术课程中,"造型·表现"领域是一个关键的教学内容,它涉及学生对形象、色彩和空间的理解,以及对学生表现能力的培养。针对这一领域的教学,须构建一个全面的教学模式框架,以支持学生在造型和表现方面的发展。

第一,强调在教学中培养学生的观察力和形象思维能力。通过引导学生观察、分析和模仿自然界和现实生活中的形象,培养他们对于形象特征的敏感性和理解能力。在教学实践中,教师注重给予学生更多的观察机会,通过学习素材的多样性和深度,激发学生的创造力和想象力。

第二,强调在教学中培养学生的表达能力和技巧。通过教授基本的美术表现技巧,例如线条、阴影和比例等,教师帮助学生掌握绘画和雕塑的基本技法。同时,注重培养学生的触觉和感知能力,鼓励他们通过触摸和感受物体来表现形象的纹理和质感。在教学实践中,教师注重学生作品的展示和评议,以激发他们对于表达的自信和热情。

第三,强调在教学中培养学生的审美能力和批判思维。通过引导学生欣赏和评价不同类型的艺术作品,培养学生对于美的感知和判断能力。在教学实践中,教师注重对于学生的艺术鉴赏能力和批判思维的培养,通过引导学生分析和解读艺术作品的符号和主题,培养学生独立思考和表达意见的能力。

第四,强调在教学中培养学生的创造能力和实践技巧。通过提供丰富的创作机会和材料,激发学生的创意和想象力。在教学实践中,教师注重培养学生的实践技巧和艺术创作的全过程管理能力,例如规划、执行和评估。通过实践的方式,学生能够更好地体验和理解造型和表现的原理与方式。

通过不同的情境学习活动,"造型·表现"领域的学习应达到如下目标:第一,认识与理解线条、形状、色彩、空间、明暗、质感等基本造型要素,并能通过对称与均衡、节奏与韵律、对比与和谐、多样与统一等组织原理进行造型活动,激发想象力和创新意识;第二,通过对各种美术媒材、技巧和制作过程的探索及实验,发展艺术感知能力和造型与表现能力;第三,体验造型活动的乐趣,产生对美术学习的持久兴趣。

三 "造型·表现"类艺术实践情境教学的策略选择

在立美美术理念指导下,教师引导学生熟练掌握美术知识、技能与思考方法,对题材进行深入挖掘,提炼核心主题,运用平面、立体以及动态等多种表现手法,以表达深刻思想与丰富情感。"造型·表现"类艺术实践情境教学,运用多种媒材和手段,表达情感和思想,体验造型的乐趣,逐步形成基本造型艺术实践。以造型的方式对个人的思想、情感进行自由大胆且个性化的表现为特征,并分为平面造型、立体造型、动态造型和多维造型四项学习内容。

(一)图片、视频导入情境

学生对图画、视频容易产生兴趣,用图片、视频可以使教学内容变得更具体,同时可以有效地调动学生的图像识读能力,变无形为有形,变抽象为具体。例如,在人教版《美术》七年级上册第二单元"多彩的学校生活"的三课时的教学中采用图片导入情境。情境一:第一课《小伙伴》在引入部分用"看图片"让学生一起来认识儿时的小伙伴,激发学生的学习兴趣,随后再介绍人物的形象特征。问问学生这些小伙伴的相貌特征和表情有什么变化,从而揭示课题。情境二:第二课《在校园中健康成长》通过播放上节课的视频片段,回顾绘画、创作人物造型以及人物动态比例的过程,从而揭示课题。情境三:第三课时《我们的风采》,教师先引导学生鉴赏图片——不同时期涌现出来的校服,再引导学生发言说说对校服设计的感受,从而揭示课题。情境一中,创设图片情境,学生通过看图,感受逼真的同学形象,然后讨论不同年龄段人的身高比例是什么样的,成功引起了学生好奇心。情境二中,创设多媒体视频情境,让学生通过观看视频回忆上节课的教学过程和学习内容,通过情境再现把教学内容具体化、形象化,学生看得真切,感受真切,从而迅速提炼出上节课的教学内容,顺利引入新课。情境三中,先观看图片,让学生说说对这些人物的造型有何感受,学生观察对比图片后,可以对塑造人物形象有个大致的概念,从而揭示课题。最后一起尝试画一幅学生装设计图,或者利用可找到的材料拼贴、搭配出一套学生装。

(二)"实物"演示情境

"实物"演示情境在教学过程中可以让学生更直观、更形象地了解新生事物的具体内容,在"造型·表现"领域更便于学生理解和接受图像的特征和变化等,例如实物的具体结构、造型特征等要素。在授课的过程中,应重视学生在学习过程中的艺术感知及情感体验,借助实物演示激发学生参与艺术活动的兴趣和热情。与学生积极互动,不论是提问互动还是创作表达,都积极地肯定学生对知识的掌握,鼓励他们在创作过程中勇于表现,可以在其中多融入自己的想法,呈现自己的特色;同时也要给予学生正确的引导,使学生在欣赏、表现、创造、联系、融合的过程中,形成丰富、健康的审美情趣;最后小结时,提出问题,引发学生的思考:除了这些实物还能用其他方法画什么呢?如果不用其他工具还能达到这种效果吗?学生的知识层面应不仅仅停留在课堂中,学生还应学会通过实物举一反三。强调艺术课程的实践导向,使学生在以实物感知体验为核心的多样化实践中,提高艺术素养和创造能力。

(三)音乐渲染情境

音乐是一种情感艺术,也是一种特别的语言,音乐的魅力在于能给人们一个驰骋想象的空间,不仅能营造轻松活泼的气氛,也能在想象中引起心灵的振动,产生艺术的共鸣,调动学生情感让学生投入学习。在立美美术情境教学中,把音乐带进美术课堂,将这两门息息相通的艺术,有机结合起来,不但能创设优良的教学情境,而且能活跃课堂气氛。

师:看了刚才这么多优秀的作品,我想大家早就想大显身手,一展自己的风采了吧!下面就请大家跟随着《春之歌》的旋律,拿出自己的画笔,动起手来吧!

生:跟随音乐的节奏轻哼着,手里的画笔在飞舞着……

……

这是教师在上人教版《美术》七年级下册第二单元"春天的畅想"第2课时的情境教学片段,教师借助音乐,渲染情境,创设和教学主体相关的学习氛围。教师要重视美术与音乐学科的联系,充分发挥它们的协同育人功能。音乐有着大大的能量,观看和视听的感觉角度不同,收获也会不同,教师要汲取丰富的艺术元素,传递艺术和谐共生理念,促进学生身心健康全面发展。

(四)故事营造情境

故事营造情境就是运用故事创设情境,进行美术教学。美术教师根据具体的教学目标与内容,将故事作为载体,抓住学生爱听故事的特点,通过生动有趣的情节组织并指导学生进行美术实践创作。其真正的意图不只在于形式的创新,更多的是希望通过学生的生活经验、亲身体会,让学生更真切地感悟到美术学科的寓教于乐,更深刻地记住课堂教学内容。这种方法在提高学生绘画积极性与兴趣的同时,也让学生在快乐中学习、在快乐中思考,还可以培养学生丰富的想象力和创造性思维,从而有效地提高教学效能。

(五)问题创设情境

问题情境的主体是问题,载体是情境,没有问题的情境,无法满足学生美术学习的要求。没有情境的问题,无法适应学生思维发展的要求。因此,教师在用问题创设情境时,要根据教学内容的三维目标,提出指向明确、适宜学生学情和认知特点的问题,培养学生的问题意识。而师生互动是创设这一情境的有效方法,也是提高课堂教学效率的良策。通过问题创设情境可以使后面的教学内容更具新奇性,提高学生的求知欲和好奇心,激发学生的学习动机和学习兴趣。

(六)生活展现情境

学生每天都在接触生活这个大课堂,学生也并不是空着脑子进入课堂的,他们进入课堂前已有一定的生活积累。在钻研教材时不难发现,教材的内容有时与学生生活实际相去较远,那么在具体的教学过程中,就需要教师寻找生活与"造型·表现"学习领域的关联,借助学生已有的生活经验,有意识地联系学生的生活实际,唤起他们的相似记忆,以身体之,以心验之,帮助学生理解内容。

(七)实验引导情境

实验情境在美术"造型·表现"领域中多用于实验导入和学生尝试阶段。实践是获得真理的唯一途径,学习需要学生以事实为基础,最终培养学生观察和自主探索创新的能力。运用实验引导情境可以激发学生兴趣,引发学生情感体验。还可以通过教师的引导、启发,在实验中解决教学的重难点。

(八)教学评价情境

除了知识技能外,美术教学还应注重学生的课堂参与程度和团队合作能力等。每一课程结束时,以情境为主题的作品发表会,可以检查反馈学生的这些能力。"造型·表现"学习领域的教学评价情境可以选择让学生在作品前自己介绍创作作品的想法和制作灵感,也可以给作品起名字,或畅谈在这节课中的收获和学习体会,同时教师可以在教学评价时渗透文化理解等内容。

四 "造型·表现"类艺术实践情境教学模式的框架构建

为了将"造型·表现"美术课程真正有效地融入美术课程的情境教学活动当中,需要采取相应的课程设置流程与设置模式。具体而言,包括以下几个方面:首先,在"造型·表现"课程之前,充分做好情境准备工作,结合相关的"造型·表现"课程教学内容,为学生准备有针对性的教学情境;其次,根据所准备的教学情境,构建相应的"造型·表现"课程情境教学流程;再次,在进行"造型·表现"情境教学实践中,仔细观察学生的反应与学习状态,从而及时根据学生学习状态的变化对相应的教学内容进行调整;最后,做好"造型·表现"课程情境教学的学习总结。通过这些措施,可以更好地实施"造型·表现"情境教学,提高学生的学习兴趣和积极性,促进他们对美术课程的深入理解和掌握。同时,也有利于培养学生的审美能力、观察能力和分析能力等核心素养,为他们未来的全面发展打下坚实的基础。

以下针对"造型·表现"美术课程介入情境教学的具体设置模式展开详细的论述与分析。

(一)前期工作准备

为了成功实施"造型·表现"情境教学活动,美术教师必须做好充分的准备工作。这些准备工作是确保学生在学习过程中能够有效融入教师所创设的情境,从而发挥情境教学的作用和意义,提高学生学习"造型·表现"相关美术知识和内容的质量与效果的关键。以下是美术教师应该完成的几项具体准备工作。

第一,关注学生情况,深入分析教材。教师需要针对即将进行的"造型·表现"课程内容,例如造型刻画、描述和绘画等知识点进行详细分析。通过追溯这些"造型·表现"知识的起源和背景信息,找出相关的造型特征和表现方法,为学生提供全面的知识谱系,为有效的情境教学奠定坚实基础。

第二,明确教学目标,确定重点与难点。根据教学目标,教师应收集和调查与"造型·表现"相关的背景信息,了解实际情况下相应知识点的造型特征和表现方法,获取大量相关知识的背景资料。利用这些拓展信息和知识内容,教师可以为学生准备好相关知识的介绍材料和串联材料,初步形成情境教学内容。

第三,在完成信息材料的收集、整理和分析后,教师应结合学生的实际情况,选择适当的情境来讲解"造型·表现"美术知识。以小学《线描画中的黑白对比》一课为例,针对线描画中的黑白对比及造型手法,结合相应的"造型·表现"知识与内容,教师应为学生创造与黑白对比线描绘画相关的主题内容,如准备一些与黑白线描绘画相符的背景故事等。通过准备这些材料内容,教师可以确保在为学生进行相关知识内容的串讲与解释时,能够结合多种多媒体设备与技术,为学生播放相应的音乐、图片、音频、视频等,从而构建出较为完整的情境内容。

第四,理清教学思路,提前准备好课堂教学所需的资料、道具等,便于教师在进行情境教学活动时能够有条不紊。例如,在《娇艳的花》一课中,教师构建了孔雀女王的故事情境。课前教师提前准备了与情境相关的作品作为展示道具,学生最终制作的作品则成了孔雀女王美丽的羽毛,由此构建出了较为完整的情境内容。

通过这些前期准备工作,美术教师可以为"造型·表现"的情境教学活动打下坚实基础,确保学生在课程中能够获得高质量的学习体验。

(二)情境教学的流程构建

在完成"造型·表现"美术课程情境教学的准备工作后,为确保相关教学活动顺利且有效地进行,美术教师需要精心构建"造型·表现"情境教学的详细流程。以下是几个关键步骤。

第一,情境导入。在"造型·表现"课堂教学开始前,美术教师应深入了解本节课的主题和知识点,思考如何创设引人入胜的情境,激发学生对即将学习内容的兴趣,帮助他们形成初步的印象和理解。

第二,情境深入。完成课程内容的初步介绍后,美术教师需要向学生展示提前准备好的与本节课相关的背景知识和信息。这有助于学生对所学内容有更深入的理解。在此过程中,教师应避免单调的叙述方式,如可以通过讲述美术家的生平故事或创作过程中的小故事,将背景知识串联成有趣的故事情节。这种方法可以吸引学生的注意力,并激发他们的好奇心,使他们更容易融入背景信息的情境教学中。

第三,情境升华。在介绍完主要知识点后,教师可以利用教室中的多媒体设备播放与"造型·表现"课程内容紧密相关的背景音乐、电影片段或人物传记视频等。同时,教师可以根据课前准备的材料,为学生提供额外的背景知识补充。此时,学生应已完全沉浸于教师所创设的"造型·表现"情境教学氛围中。通过这些步骤,教师可以成功构建出富有吸引力和深度的"造型·表现"情境教学流程,从而提升学生的学习效果和兴趣。

(三)学生学习状态的相应调整

在实施"造型·表现"情境教学活动的过程中,为了保持全班学生的高度参与和兴趣,教师需要密切关注每个学生的学习状态。当发现有学生分心、注意力不集中或在私下交谈时,教师应及时且委婉地进行干预,鼓励他们重新聚焦并积极参与当前的情境教学活动。这种灵活而细致的管理能够确保学生的学习状态得到及时调整,从而进一步提高"造型·表现"情境教学活动的整体效果和质量。

(四)课后总结与反思

在完成"造型·表现"情境教学活动后,教师需要进行深入有效的总结,全面了解学生学习相关内容的实际情况。这样的总结不仅有助于更充分地评估"造型·表现"情境教学活动的成效,还能揭示教学活动中存在的问题,为教师积累宝贵的教学经验,并为后续的教学活动奠定坚实基础。具体而言,教师应完成以下工作。

第一,通过向学生提问,考查他们对"造型·表现"相关知识内容的掌握程度,从而及时发现学生在知识理解上的不足,并为其提供必要的补充和指导。第二,美术教师需要审视自己在实施"造型·表现"情境教学活动过程中的经验和存在的问题,包括对相关背景知识的收集情况、美术家和艺术家信息资料的调查情况、教学活动的设计情况,以及背景音乐和串讲内容的安排情况等进行全面分析。通过这样的反思与总结,美术教师可以不断优化教学情境的设计,提高教学活动的整体质量与水平。最终,这些总结与反思将有助于提升美术教师在"造型·表现"课程中的教育质量和教学能力,确保学生能够从中获得更加丰富和深入的学习体验。

总的来说,构建"造型·表现"领域的教学模式框架旨在全面促进学生在造型和表现方面的发展。在这个模式框架下,学生可以通过观察、表达、鉴赏和创作等多种方式来提升他们的美术素养和创造力。我们相信,通过这样的教学模式,学生将能够更好地理解和应用美术的基本原理,同时在艺术创作中找到属于自己的独特风格和表达方式。

第三节 "设计·应用"类艺术实践情境教学的设计

义务教育阶段美术课程中的"设计·应用"类艺术实践对于培养学生的创新思维能力相当重要。学生结合生活和社会情境,运用设计与工艺的知识、技能和思维方式,开展基于问题的学习、基于项目的学习,进行传承和创造。随着我国教育进入核心素养时期,教师在培养学生的综合素质方面扮演着至关重要的角色。除了注重学生的知识和技能运用能力外,教师还需关注学生正确的价值观和热爱生活的态度。

新课程改革之后美术教学"教什么、怎么教"一直是教师探究的重点内容。"设计·应用"领域的知识面非常广泛,而且具有很强的实际应用性。在这个领域中,学生将会接触到与日常生活更为贴近的教学内容。学习"设计·应用"领域相关知识对学生的成长有着积极的影响。首先,通过学习设计思维,学生能够培养出独特的思考方式,从而在解决问题和面对挑战时能够有更多的创意和灵感。其次,锻炼观察力是这一领域教学的重要内容之一。通过观察日常生活中的事物,学生能够提高对细节和形式的敏感度,并且能够更好地表达自己的想法和感受。最后,还能够开发学生的创造力,激发他们对艺术的热爱和追求。

一 "设计·应用"类艺术实践情境教学的意义

"设计·应用"是运用物质材料和手段,围绕一定的目的和用途进行设计与制作,传递与交流信息,改善环境与生活,逐步形成设计意识和实践能力的学习领域,分为视觉信息传达、生活与设计、工艺传承和环境营造四项学习内容。"设计·应用"类艺术实践旨在围绕学习任务、内容要求、学业要求等关键内容,培育学生对设计应用的感悟能力、创造能力,围绕真实情境,推动美术教学与学生日常生活相结合。

(一)拉近书本与生活的距离

初中美术课程内容与实际生活联系紧密,采用情境教学可以增加学生的兴趣和参与度。然而,由于要确保学生安全等问题,许多课程无法直接进行实地学习,但仅通过课本图片教学会导致知识与实际脱节。为解决这一问题,可以利用学生熟悉的事物进行教学,提高学生的亲切感和知识接受度。通过情境教学,学生能在日常生活中发现所学知识,并运用所学知识解决实际问题,体验学习的意义和价值。这样,学生对美术的认识会改变,不会再觉得学习美术无用处,如此美术学科的意义和价值才能真正得到彰显。例如,人教版《美术》八年级上册第二单元"读书、爱书的情结"的教学目标是培养学生读书爱书的良好习惯,了解和掌握创作书籍的基本方法。这一节课的重点内容是要向学生讲清楚手工书创作的情景,难点是手工书的想象与刻画。在进行这节课的教学时,教师先请几个学生展示不同装帧效果的书籍,表演示范假如你在看书会做什么动作、拿什么东西、有什么表情。表演的学生表演得不亦乐乎,观看的学生也看得不亦乐乎。之后的作业成效当然是不言而喻了。可见,在教学时教师利用学生熟悉的事物来创设有趣的情境吸引学生的注意力,可让学生主动地参与学习,并探究其中的趣味和奥秘。

(二)激发学生的好奇心和兴趣

通过在课堂中创设有趣的情境,教师可以激发学生的好奇心和兴趣,使他们在学习中更加主动。学生将逐渐成为课堂的主体,并在参与学习的过程中展现出更高的主动性。学生也将在好奇心和兴趣的驱动下进行学习,不断地追求知识的深入和扩展。

如在执教人教版《美术》七年级上册第三单元"传递我们的心声"第1课《有创意的字》一课时,教师设计生活情境,由学校的特色教学"学科素养展示——名作我来讲":《兰亭集序》展开,从书法追溯到文字的起源和演变,再到今天生活中的文字,进而引导学生发现生活中的美术字。教师重点围绕"创意"二字,从学生的实际学习生活中发现问题,借助为校园足球赛设计手抄报中的美术字来创设情景任务,让学生理解生活中的美术字,探究变体美术字的变化规律和表现形式,利用已知的设计表现方法来解决实际问题。教学紧紧围绕美术核心素养,联系现实生活,引导学生学会发现并解决问题,进行艺术创新和实际应用,提高了学生的创新意识和艺术实践能力,让生活融入了艺术。

因此,教师在教学中应该注重创设有趣的情境,以吸引学生的注意并激发他们的主动性。只有这样,教学效果才能得到保证,学生才能在充满好奇和兴趣的学习环境中获得更多的知识和成长。

(三)促进学生个性发展

传统的教学活动中往往以教师为主体,向学生传授知识。然而,在这种模式下,学生的思维往往受限,课后的练习或作业也呈现出相似的模式,不利于学生个性的发展。就美术这门人文学科而言,课堂本应是让学生思想迸发、个性张扬之地,但实际上,课堂中的同质化现象比较明显。为了改变这种状况,教师可以通过情境创设,将学生的日常生活经历融入教学中。当学生遇到与课程相关的情境时,他们可以结合自己的生活背景,进行独立思考,获得独特的感受和见解。因为每个学生的生活背景不同,并且个性也会受到后天的影响,所以学生在这样的情境下会迸发出独特的想法。

通过这种方式,学生的个性可以得到更好的展现,符合核心素养中提倡的学生个性发展的要求。教师不再是唯一的知识传授者,而是引导学生发掘自己的思想和创造力的引领者。学生也不再是被动的接受知识者,而是积极参与并表达自己观点的参与者。这种教学方式不仅能够促进学生个性的发展,还能够培养学生的独立思考能力和创造力,为他们的终身发展奠定坚实的基础。

(四)培养学生的观察力及创造力

在立美美术教育中,核心素养的要求不仅仅在于培养学生的绘画能力和审美能力,也在于注重学生观察力和创造力的开发与锻炼。在教学过程中,学生需要在教师创设的情境中进行细心观察,并通过观察找到相关信息。随后,学生会通过自己的思考和总结进行二次开发和创造。在整个过程中,学生需要反复观察情境中的事物,不仅仅是事物的外观,还要从细节、结构、材料等多个方面进行考虑。这样的观察训练有助于学生培养全面观察事物的习惯,也有助于提升他们观察事物的方法。

此外,义务教育阶段美术"设计·应用"类艺术实践还有一个重要任务,那就是培养学生的创造力。在初中阶段,培养学生的创造力尤为重要。在情境教学过程中，教师会引导学生全面观察事物，并发现事物的特点。学生则在课堂上结合自己生活中的情境，进一步设计和完善事物。这样的学习过程合理开发了学生的创造力。例如，教师在上人教版《美术》八年级下册第三单元"为生活增添情趣"第2课《摆件巧安排》一课时，根据教学内容整合、以视频形式改编串联的小猪佩奇的故事，抓住了学生的心理特征。在美术课中培养学生良好的学习习惯、观察习惯，激发他们对美术的兴趣尤为重要。结合生活经验教育学生要爱护家里的小摆件，关注教学的同时，也通过讲故事、师生互动的方式让学生了解摆件布置的巧妙。同时结合教师示范，引导学生初步了解小摆件的特点，体验小摆件给家庭带来的温馨和美感。正是因为这些故事源自生活，才能够让学生产生心灵的共鸣，促使他们去思考更多生活中的案例，从而间接实现"生活教育"的目的，知道摆件巧安排的重要性，养成爱家护家的好习惯。

　　核心素养要求下，美术教育不再只关注学生的绘画能力和审美能力，而是注重培养学生的观察力和创造力。这种教学方式让学生在思考和总结中实现二次开发，同时在观察事物的过程中养成全面观察的习惯，并掌握观察事物的方法。而通过引导学生对事物进行全面观察，又可激发他们的创造力并在课堂中进行设计和完善。这样的教学方法有助于学生的成长和发展，可为他们未来的学习和工作打下坚实的基础。

　　在课堂教学中，学生将有机会有效地开发他们的想象力。通过引导学生进行自由创作和设计，可以尝试将抽象的概念转化为具体的形式，并且将自己的想法付诸实践。这种实践不仅可以提高学生的艺术水平，还能够让他们更好地理解和欣赏艺术作品。例如，在人教版《美术》八年级下册第二单元"纹样与生活"的单元设计中，可采用自评和小组集体评的形式开展评价活动，弱化知识和技能评价，强化能力、情感、态度的评价要求。如把《了解纹样》中的"纹样美观、疏密结合"的技能评价要求用"纹样出色"加以概括，另外增加"仔细观察、积极参与、善于思考"三个评价要求，把以对学习结果的评价转变为对学习过程中的自我表现的评价。又如《设计纹样》教学中的评价，在原有的纹样知识技能评价基础上，突出"合作探究、配合默契、积极参与"评价点，把小组合作精神的体现也纳入评价的要求，重视学生思维、合作、情感态度和综合能力等评价。情境教学模式下的课程评价以学生为主体，通过多元化的方法对学生进行综合评价，使每个学生都参与到学习过程中。

　　总之，"设计·应用"类艺术实践是美术学习中非常重要的一个部分，不仅拓宽了学生的知识面,还培养了学生的设计思维、观察力和创造力。通过课堂教学的启蒙,学生能够有效地开发自己的想象力,并且在实际生活中应用所学知识。这将为他们的未来发展奠定坚实的基础。

二 "设计·应用"类艺术实践情境教学的目标设计

义务教育阶段"设计·应用"类艺术实践情境创设的目标,旨在让美术走出书本,走出课堂,在文化情境中形成健康的审美情趣,把美术知识和技能实践化、生活化,将艺术实践与当地地理、历史、经济、民俗相联系,使设计与应用活动更贴近学生的生活。在单元整体教学设计中,逐步提高学生视觉感受、理解与评价能力,真正掌握"设计·应用"类艺术实践的基本方法,能够在文化情境中认识美术。

(一)联系学生实际生活

现实世界是美术知识的丰富源泉,教育要同生活紧密联系。"设计·应用"类艺术实践知识内容大部分都蕴含在生活当中,许多知识也一直在被人们所运用。美术学科比较偏重感性认知,发掘生活中的场景,可以激发学生的情感,让学生带着真情实感进入知识学习的过程。在"设计·应用"领域课程教学中,教师应当避免所创设的教学情境远离学生的日常生活而造成学生对于整体情境十分陌生,缺乏学习知识的兴趣。有效地联系学生的实际生活对于情境创设而言是一个至关重要的因素。情境创设时,应当充分考虑所选择的情境是否贴近学生的日常生活,学生是否能够在所创设的情境中发现和日常生活的相通性。这也决定了所创设的情境是否可以激发学生对于"设计·应用"课程学习的兴趣,并且让学生更加容易理解课程中的相关知识和内容。

(二)符合学生发展规律

初中阶段的学生身心处于一个飞速发展的时期,主要体现是认知的意义性和目的性有很大提高。同时,更为重要的是学生逐渐形成逻辑思维,对空间上的三维空间关系也能熟练的认识。学生的观察力也不同以往,他们具有更加细致的观察力和感受力。不仅如此,学生的想象力也飞速发展,这一时期甚至成为其想象力发展的关键期。义务教育阶段美术"设计·应用"领域课堂教学情境的创设必须考虑上述问题所造成的影响,确保难度广度适合现阶段中学生的发展情况,避免出现情境创设过于简单或难度过大的现象。过于简单的情境对学生而言容易理解和学习,但是会造成学生轻视美术课堂知识的现象,一旦不能在课堂中调动学生积极性,学生便会失去对美术课堂的兴趣。情境设置难度过大又会造成学生在学习过程中无法清晰了解和掌握教学过程中传授的知识,使学生学习的知识不完全,无法达成预期教学效果。部分学生在听不懂、不理解后,会逐渐失去学习美术的兴趣及信心。在情境创设的过程中,一定要注意学生身心发展的规律。

(三)适应学生个性发展

成长环境、家庭环境都不相同的学生面对教师在根据贴近生活与符合学生发展规律的情况下所创设的情境,每个学生都会产生不同的理解。学生个性不同导致了理解的差异。教师在情境创设与教学环节中要十分重视学生的差异性,让学生能够认知、理解教学知识,从而使每个学生都能在情境的设置与教学的进行中产生兴趣,并积极参与其中,从中获得宝贵的知识。

三 "设计·应用"类艺术实践情境教学的策略选择

"设计·应用"类艺术实践分为构想和实施两个阶段。在构想阶段,需要确定行为的目的、意义、过程、方法、结构、材料等;在实施阶段需要遵循某种程序,运用一定的方法、技巧,对一定的物质材料进行加工和制作,完成一件或若干件实物。构想阶段主要体现为思维成果,可以有形,也可以无形,但实施阶段必须是有形的。核心素养时期下的美术教育应是教师调动学生主动性,让学生自发寻找美术课堂中所提出问题的答案。对教师而言,做好教学设计有助于加强教师对这门课程的理解,提高对教学环节的把控。针对教学目标,采用更为高效合理的教学方式,让学生从中获益。在进行课程设计时,教师应明确教学目标,利用学生身边的事物或者近期的热点事物进行情境创设,通过情境创设来吸引学生好奇心。此外,课堂中所授所讲内容要与学生生活情境相融合,增加学生对于新知识的亲切感,减少学生和课堂之间的距离感。教师还应利用近期的热

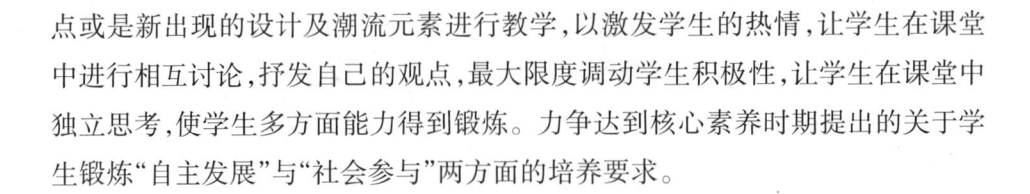

点或是新出现的设计及潮流元素进行教学,以激发学生的热情,让学生在课堂中进行相互讨论,抒发自己的观点,最大限度调动学生积极性,让学生在课堂中独立思考,使学生多方面能力得到锻炼。力争达到核心素养时期提出的关于学生锻炼"自主发展"与"社会参与"两方面的培养要求。

(一)利用科技手段创设情境

科技的发展不仅带来经济的发展,而且使教育在一定程度上得到促进。"设计·应用"领域课程在情境创设时,可以借助科技手段进行教学,例如使用视频。在课堂中利用视频创设情境会收获不错的效果。视频能够将图像与声音相结合,具有很强的直观性,因此可以制造强烈的冲击力。而且图文声像并存的形式,可以多角度激发学生兴趣,使学生情绪得到调动。学生在观看视频时也会处于一种相对放松的状态,在这种状态下,学生更容易接受新知识。此外,在好奇心作用下,学生会去寻找存有疑惑的问题的答案,整个过程有助于学生形成独立思考的习惯。

又如在教学中,当强调设计时,可以不要求学生完成设计成品,学生能够形成构想并用设计图或模型呈现出来即可。VR的诞生,对于各行各业都有着很大的价值。对教育而言VR可以创造良好的学习环境,为学生提供一个更加新颖、新奇的教学模式。然而,使用新技术手段面临的最大问题就是资金问题。查阅大量资料还未见VR在美术教学中应用的实际案例,在此仅为情境教学结合科技,在后续的课堂中实施作出一种大胆的假设。希望科技手段能够为后续的美术教学提供新的技术支持,让学生尽早享受到新科技在学习上带给他们的便利。

(二)将学生带入真实情境

课堂内的学习内容与学生实际生活的联系越紧密越贴近,学生对于新知识的理解及接受效果越理想。"设计·应用"类艺术实践的知识内容本身就与日常生活相关联,对学生而言所学知识不是陌生的只是缺少发现和引导。因此,教师在义务教育阶段美术教学中,完全可以利用生活中的场景或是实例进行情境创设,并在情境中设置问题,激发学生好奇心,引起学生兴趣与热情,让学生发现身边事物和课堂知识之间的联系。在条件允许下,也可以将学生带出教室,走进生活,让学生获得更为直接的感官体验,从而更容易理解课程知识。例如人教版《美术》八年级下册第三单元"为生活增添情趣"第3课《漂亮的手工灯饰》这一课的教学,教师可以带学生到附近的灯具城参观,让学生观察琳琅满目的灯饰,同时,让学生对家中的灯饰进行分析。

(三)设置互动情境

教师可以通过设置情境,在课堂教学中为学生创造一种互动的教学形式。通过师生互动、学生之间的互动,使课堂气氛不再沉闷,变得活跃。可利用游戏创设情境,形成课堂互动。游戏是学生生活的重要组成部分,许多学生活跃好动,对游戏始终保持着高涨的热情。教师在情境教学中创设带有游戏性的情境,可使学生在学习中保持高涨情绪,让学生在游戏中进行体验,从体验中收获知识。例如,在人教版《美术》八年级下册第四单元"美好宜人的居住环境"第3课《关注社区居住环境》一课的教学中,教师可以创设分组竞赛的情境,出题让学生来画社区环境三视图。学生分小组画出教师所给图示的社区三视图。如此,学生在相互讨论和交流中绘制正确的三视图,在游戏竞赛的场景中学会本节课程的美术知识,达成美术课堂的教学目标。教师则在学生绘制过程中关注学生出现的问题,进行针对性的指导。也可利用角色扮演创设情境,形成课堂互动。教师可以让学生进行角色扮演以更积极的心态融入情境。让学生模仿生活中的场景或者生活现象,通过亲身体验以获得直接感受,了解课堂知识和生活之间的联系。在此过程中能够锻炼学生的观察能力,培养学生的审美能力,使学生的设计思维、独立思考能力不断提升。例如冀美版《美术》八年级上册《制作精美书衣》一课的教学中,教师可以提出要求和注意事项,学生扮演商人将自己设计的书衣介绍给教师。通过这种推销的形式让学生介绍所设计书衣的特点,促使学生在设计时考虑如何使自己的作品更具特点。对特点的思考与设计可以体现学生的不同个性,让学生的个性得以展示。这种形式,也使学生在学习的过程中变被动为主动,学生为了更好地扮演自己的角色会主动下功夫去思考如何让自己的作品打动别人。整个过程中,学生主动探索,主动学习,起到提升课堂的教学效果的作用。还可利用辩论形式创设情境,形成课堂互动。教师在教学过程中可以将课堂设置成辩论赛的形式,在辩论的情境下,学生的参与度得到提高,整个过程中教师可以扮演裁判把课堂交给学生让学生成为课堂的中心。学生在辩论的过程中既要掌握自己所辩事物的优劣势,还要对对方的情况有所了解。教师在辩论情境中引导学生自发地探究相关知识，不仅培养了学生进行独立思考的能力，而且锻炼了学生的团队协作能力，让学生收获了快乐和知识。

四 "设计·应用"类艺术实践情境教学模式的框架构建

在美术教育中，设计和应用是美术学习的重要组成部分。设计能力的培养能够提高学生的审美素养和创造力，而应用能力的培养则能够促进学生将艺术知识和技能运用到实际情境中。因此，在"设计·应用"领域的教学中，教师需要构建一个适合学生发展需求的教学模式框架。

一方面是对设计能力的培养，教师可以采用以下教学模式。一是以启发式教学为基础，鼓励学生自主思考和创作。在教学过程中，教师可以通过提供相关的素材以激发学生的兴趣，引导他们进行设计思考和表达。二是采用任务型教学，通过给予学生具体的任务和项目，促使他们在实践中学习和掌握设计的技能和原则。这样的教学模式可以激发学生的创造潜能，培养他们的想象力和创新意识。

另一方面是应用能力的培养，教师可以采用以下教学模式。一是强调实践和体验。通过组织学生参观艺术展览、进行实地考察和参与实际应用活动，让学生亲身体验艺术的魅力和应用的实际效果。二是提倡合作学习和项目制教学。通过小组合作和团队协作，学生可以共同完成一些实际的应用项目，如设计海报、布置展览等。这样的教学模式可以培养学生的实践动手能力和团队协作精神。

一个有效的"设计·应用"领域的教学模式框架还需要考虑评价与反馈的环节。教师可以采用多样化的评价方式，如作品评价、表现评价、自我评价等，来全面了解学生的学习情况和能力发展状况。教师还应及时给予学生反馈和指导，帮助他们改进和进一步提升自己的设计和应用能力，并结合启发式教学、任务型教学、实践体验和合作学习等教学模式，以及多样化的评价与反馈方式，来实现学生的全面发展和能力提升。这样的教学模式框架能够帮助学生在美术学习中获得更好的教学效果和学习体验。

通过对美术"设计·应用"领域知识的分析和理解，在原有教学方式的基础上可以将主要的教学方法选择为情境教学法。我们要考虑如何通过该教学方法激发学生的兴趣,从而让学生更加主动地探究知识。如何让创设的情境更好地和实际生活相联系,从而将实际生活同课本知识之间的距离拉近,使学生能够更好地掌握知识,学以致用。如何通过情境教学培养学生独立思考能力,让学生成为个性鲜明的具有独立思考意识的人才。

第四节 "综合·探索"类艺术实践情境教学的设计

义务教育阶段美术课程中的"综合·探索"类艺术实践体现出课程的综合性和探究性要求。学生将所掌握的美术知识、技能和思维方式,与自然、社会、科技、人文相结合,进行综合探索与学习迁移,提升核心素养。在义务教育阶段美术教学中,"综合·探索"类艺术实践是一个重要的课程内容,也是培养学生综合能力的关键环节。在"综合·探索"类艺术实践中,教师以皮埃尔·布迪厄的"场域"理论为支撑,尝试从社会学角度入手,在情境教学中营造独特场域,开展体验式学习实践,促进学生的和谐发展,提升学生美术核心素养。

这里先来说说"综合·探索"类艺术实践情境教学设计营造的场域。何谓场域?法国社会学大师皮埃尔·布迪厄将场域定义为位置间客观关系的一个网络或一个形构,这些位置是经过客观限定的[1]。笔者对场域的理解为:在社会、经济、文化等因素影响下打造的整体发展环境,是众多元素在实际发展过程中共同打造的统一性整体,但同时又有其个性化特征。

福建省闽南传统建筑是中国南方建筑的一个分支,受地理位置及气候条件影响,形成了独具特色的风格。泉州的蔡氏古民居、杨阿苗故居,漳浦的蓝延珍府第,厦门霞阳、新垵、翔安等地的红砖民居,均是典型闽南传统建筑的缩影。另外,受外来文化的影响,闽南建筑和西方建筑互相融合,产生了如嘉庚建筑、鼓浪屿建筑这些典型建筑,亦是闽南地区一道亮丽的风景线。闽南传统建筑充分体现了"天人合一"发展理念,结构模式独特,艺术造型优美,满足了闽南人共同的喜好需求。这些丰富的美术教学资源,得到了教育界的关注。经过对闽南传统建筑研究发现:闽南传统建筑场域透射出来的历史、生态、空间感受以及美学等方面的内容对学生的学习体验会产生一定影响,如果在美术教学中始终贯彻以人为本的教学理念,开展闽南传统建筑场域下的体验式综合探索学习,让

---

[1] L. D. WACQUANT. Towards a Reflexive Sociology: A Workshop with Pierre Boundieu[J]. Sociological Theory, 1989(7):26-63.

学生在学习过程中感悟闽南传统建筑的内在气质,可以达到更好的学习效果,培育学生的美术素养。

一 "综合·探索"类艺术实践情境教学的意义

"综合·探索"类艺术实践可以进一步提升学生的综合探索与学习迁移的能力,分为美术内部综合、美术与姊妹艺术、美术与其他学科和美术与社会四项学习内容。情境教学重视课程的整体价值,在关注各艺术形式独特的审美实践和体验的同时,更加强调艺术的人文特点,强调艺术的文化内涵。其设计意义包含两个层面。一是与情境的关联性,其与教学的单元整体目标设定有着重要的关联。教师要非常清晰地思考和把握整体素养目标,思考单元目标如何逐步达成素养目标,思考课时目标怎样有效关联单元目标,明晰单元教学解决什么问题,设置怎样的情境使每个课堂活动和单元整体活动形成有效关联,层层推进素养的培育。二是活动组织过程中注重对学生经历的预判、活动过程的分段设定、评价的有效关联等。因为活动过程是学生解决问题的过程,过程中要有知识的习得与提炼,要能通过活动建立知识与经验的关联,要能在此过程中有效深入地实施,然后通过评价不断引发反思,促进思维,达成目标。

义务教育阶段"综合·探索"类艺术实践教学中,选取美术的四大门类之一建筑作为美术教学的一个创新点进行分析。建筑具备强大的形体美,同时自身所蕴含的文化特征相对较为明显。建筑还是一个民族精神的载体,万里长城使人想起中国的悠久历史,故宫紫禁城使人想起源远流长的华夏文明。作为土生土长的闽南学生,学生的生活中少不了接触闽南传统建筑,闽南红砖民居的曲线美、形体美,不论从哪个角度看去,都十分秀美灵动,雅丽稳重,学生都能在潜移默化中吸收闽南劳动人民富于创新的灵气。

在场域作用下,学生对闽南传统建筑知识形成全面了解,体验式学习发挥出实际的效用,学生的美术素养得到提升。红砖民居,是闽南劳动人民创造的,历经几千年的历史传承至今,表现了闽南深厚的悠久的文化。新课程改革要求学习内容要生活化、现代化,在闽南传统建筑场域环境下进行体验式教学不仅能培养学生的图像识读能力,而且能多方面、多角度地丰富学生的视觉体验,从而强化意识,在脑中留下印记,并内化成自己的审美判断,还能让学生身临其境地感受闽南建筑的内在气质,从而达成对闽南建筑的文化理解。

"综合·探索"类艺术实践所营造的场域是一种特殊的整体环境,其包含社会、政治、经济、文化等多方面因素,在打造统一元素基础上,同时为个性自由提供良好发展空间。闽南建筑的形式、趣味、风格、情境与意象,以及建筑局部独特的表现形式与技巧,这些特定的建筑场域的营造对学生的学习是有助益的,这样的文化氛围足以让学生沉湎、迷恋,回味无穷,感受到"家"的温馨。感悟闽南传统建筑场域属于高层次美术体验教学活动,学生在学习过程中所产生的好奇心、求异心等都可以得到全面满足。在立美美术理念下,学生在情境教学的场域中切身体验,内化自身的审美感受,提高自身的审美素质。在此发展阶段内,需要对学生乡土文化意识培养投以较高关注度,进而打造心灵上的共鸣,共同为发扬闽南传统建筑文化创造良好基础环境。

二 "综合·探索"类艺术实践情境教学的目标设计

"综合·探索"类艺术实践情境教学的目标并不是单一的一堂课的实践,而是自始至终系统的美育过程。美术内部综合是指融另外三个艺术实践活动为一体的美术活动,即在一个单元美术活动中,同时包括两个或两个以上艺术实践活动的学习内容。美术与姊妹艺术的综合是指美术与艺术课程中的音乐、舞蹈、戏剧(含戏曲)、影视(含数字媒体艺术)的综合。美术与其他学科相综合是指在学科教育的范畴内,跨越美术学科的,与其他学科相综合的学习活动。在情境教学过程中,重要的并不是最终呈现的艺术成果目标有多好,水平有多高,而是引导每个学生都能找到自己的角色定位,每个学生都能通过实践,感受到艺术就在身边。通过有效的综合探索实践活动和艺术教育,学生会获得一种释放和体验,这种释放和体验可能会让他们看到自己无限的潜力,让他们觉得今后的人生或许还可以在这一方面有所发展。作为教师,要认识到"综合·探索"类艺术实践对学生的影响。学生可以成为艺术作品的创作者,通过作品与社区、与世界、与人产生真正实质性的关联。这种目标设计关系是永恒的,没有时间和空间的限制,充满了巨大的无限的艺术的力量。

探究美术的过去、现在和未来对推动社会发展所起的作用,理解美术对个人发展与社会发展、人类命运共同体构建的独特作用,是延伸至学校生活之外的、美术与现实社会相联系的学习活动。在艺术核心素养理念下,以校本课程《闽南乡土美术》中的闽南传统建筑为例,对闽南传统建筑场域的教学目标进行如下阐述。

正如皮埃尔·布迪厄所强调,如果将场域比作发展空间,则在固定区域范围内,其可以将场域所具备的实际效用充分发挥出来。教师在美术校本课程教学实践中,尝试去挖掘闽南传统建筑的审美价值,并将其引入学校美术教学。课堂上,用多媒体教学这种常规的视觉方式,带领学生欣赏闽南传统建筑静止状态下的形态或内部构造。还创造性地用多媒体制作闽南传统建筑的动感元素,使它们真正动起来,让学生能从多个角度欣赏建筑物的独特美感。课外组织学生进行观摩,在校园里按一定比例放大制作闽南传统建筑的模型,有效整合相关生活经验素材,营造一个独特的建筑场域,让学生在自己的"家"门口开展茶艺表演等富有闽南特色的民俗活动,在体验活动中观察感受人文景观、自然风光之美。此种状态下,学生仿佛身临其境,充分感受到了真实的情境。在闽南传统建筑场域下开展体验式教学,确保学生能够自主加入学习活动中,发挥建筑场域散发出来的独特效果,同时关注学生的学习体验,增强美术实践能力,提高审美素养,促进学生个性的完善和发展,这也是闽南传统建筑教育价值的直接体现。

为此,教师把闽南传统建筑校本课程的教学目标做如下设计。

知识目标:认知闽南传统建筑,感受闽南的民风和民俗等人文精神;认识闽南传统建筑在美学方面具备的特质,了解闽南传统建筑装饰方法的精髓。

过程与方法:以学生实地参观、探究学习、实践操作、分析讨论、评价反馈等体验式课堂的教学策略,将闽南传统建筑的场域特征充分发挥出来。进而,在掌握闽南地区传统建筑所具备的美学特征基础上,将闽南传统建筑的精髓充分提炼出来。

情感目标:热爱闽南传统建筑艺术,感悟闽南传统建筑折射出来的浓浓亲情,教育学生学会珍惜宝贵的建筑文化遗产,继承和发扬优秀传统文化。

以上述教学目标为着力点,教师在教学实践中对相关教学内容进行有效整合,使其能够满足情感、价值、态度等方面需求,在保证培养学生良好知识能力基础上,对学生独立思想意识进行有效培养,给予良好的学习体验,全面提升学生审美水平。

三 "综合·探索"类艺术实践情境教学的策略选择

"综合·探索"艺术实践活动与其他三项学习内容不可分割,彼此之间有着不同程度的交叉和重叠。其是为了全面提升学生的核心素养,而不仅仅是使学生掌握一种或多种艺术语言。其也是基于多种艺术语言的融合学习,融入了自然科学、社会人文的教育内容。"综合·探索"学习内容主要关注学生的学习迁移能力,以综合提升学生的四个艺术核心素养,积极有效地提高学生的学科素养,而情境化、项目化学习就是让学生走入深度学习的手段和方式。设置问题情境,开展主题综合探索实践是提升学生艺术表现、创意实践核心素养的有效方式,引导学生用美术的方式讲身边的故事,采用任务驱动的方法指导学生学习美术,表达对生活的认识和思考。教师可以采用多种教学方式,如合作学习、档案袋学习、实地考察学习等方式,充分发挥学生的主动性和创造性,深入挖掘学生的学习潜能,从而实现学生自主学习和探究能力的培养。在教学过程中,注重问题情境教学方式的实践运用,重点培养学生的艺术感知、文化理解能力,兼顾艺术表现和创意实践艺术核心素养的培养。教师在艺术实践中创设问题情境——提出问题(项目选题)、规划方案(项目设计)、解决问题(项目实施)、评价反思(项目展示),探讨教学策略并加以实践。

以下是体验式教学的实践——专题式美术欣赏的案例。(图3-2)

图3-2 "中国风"模块——闽南建筑文化展示

课程教学活动开展阶段,学生在教室即能够共享空间资源,但教师将空间转换理念引入教学实践中,带领学生走出课堂到室外开展美术教学活动。这样的教学行为,带有显著的空间位置转换特征,是场域关系的有效转移。这样一来,传统美术教学活动模式发生巨大变化。在重新营造的建筑场域内,对学生而言,周围的一切都是完全陌生的。也就是说,学生在教室学习的场域是客观而熟悉的,而到室外体验闽南传统建筑,场域所发挥的影响作用相对较为关键。

教师创设校庆"嘉年华"情境活动,在"中国风"模块项目展示中,艺术实践活动设计理念选择将闽南传统建筑和校园艺术活动相结合,设计与学生生活经验相关的活动,在校园里极力营造闽南建筑的场域,不仅让学生欣赏闽南民居建筑,还观看茶艺表演,充分发挥闽南传统建筑文化独特的审美优势。

首先,身处校园新的场域中会让学生感到异乎寻常的兴奋,重新形成对闽南传统建筑的全面认知。而依据教师自身所累积的闽南传统建筑教学经验,通过室外活动开展体验式教学所具备的优势特征能更为明显地凸显,可以调动学生参与学习的积极性。

其次,教学活动开展阶段,应当尝试从审美角度入手,认真地进行审美文化素材挖掘,进而将自身所具备的独特审美优势充分体现出来。闽南传统建筑场域对于学生精神的浸染、艺术形态的养成具有独特的魅力,把学生身边优秀的传统建筑课程化能提高学生的美术素养。对多样性美术教学方式进行有效总结,共同为传承中国传统美术文化打下坚实基础。

最后,教学行为从以"人"为中心的互动模式转向以"环境"为中心的互动模式。教师充分挖掘闽南传统建筑场域发挥的实际作用,找出属于自己的教学策略和教学方式。在教学内容方面,集趣味性、认知性与可操作性于一体,闽南传统建筑课程同语文、音乐、政治与信息技术等结合,使学科满足横向联系发展要求,进而确保学生综合素质水平得到全面提升。在对学生的学习体验进行有效开发的基础上,努力培养学生对闽南传统建筑场域的艺术认知,整合教育理念,总结教学成果,促进学生的个性发展。

四 "综合·探索"类艺术实践情境教学模式的框架构建

为了构建一个适用于义务教育阶段美术教育的"综合·探索"情境教学模式框架,笔者通过对相关文献的综合分析和实践探索,提出以下模式构建方案。

首先,在教学内容的选择上,教师采取多元化的策略。"综合·探索"领域的教学目标是培养学生的创造力和探索精神,因此我们可以选择一系列具有挑战性的任务和课题,以激发学生的兴趣和思考能力。这些任务包括但不限于创作画作、设计展览、调研与采访等,涵盖了美术领域的多个方面。通过这种方式,学生能够在真实的情境中进行综合探索,提高他们解决问题的能力和创造性思维。

其次，为了在"综合·探索"的教学活动中引导学生，教师可采取问题导向的教学方法。这意味着在教学过程中，教师不仅仅是知识和技能的传授者，更是学生思维的引导者和问题解决的导师。学生需要具备综合应用不同门类艺术知识的能力。通过提出启发性问题和情境，教师能够引导学生主动地提出问题、分析问题，并且寻找解决问题的方法和策略。这种问题导向的教学方法不仅能够激发学生的学习兴趣，还能培养他们的探索意识和自主学习能力。例如，针对人教版《美术》七年级上册第五单元"实用又美观的生活用品"这一主题，教师可以设计大单元的课程，首先通过对"实用又美观的生活用品"知识的讲解，让学生想象日用产品的设计与功能，然后编故事，以日用产品的设计为基础绘制设计图纸，再用材料制作出立体的模型，并配合相应的道具，用展示设计的方式将情境呈现出来。此外，在教学过程中，教师还要注重培养学生的团队合作精神和沟通能力。"综合·探索"类艺术实践的任务通常需要学生通过小组合作完成，学生积极参与团队活动，倾听和尊重他人的意见，并能够有效地与队友进行沟通和合作。为了促进团队合作和沟通技巧的培养，教师可采取一系列的教学策略，如分组合作、角色扮演和讨论等，从而激发学生的合作精神和团队意识。

最后，在教学模式建构的评价环节，教师强调"综合·探索"活动的过程性评价。传统的美术教育评价往往侧重于作品的成品评价，而忽视了学生在解决问题的过程中所展现的能力和思维方式。因此，在教学模式中，教师要注重对学生的思考和探索过程进行评价，包括问题分析能力、创造性思维、团队合作和沟通能力等。通过多元化的评价方法，教师能够全面了解学生的能力和水平，并对他们的发展提出有针对性的建议和指导。

核心素养强调解决复杂问题和适应不可预测情境的种种能力。可在教学中模拟出未来学生可能遇见的"情境"，学生在教师的指导下提前"演练"，获得解决问题所需的知识与技能、过程与方法、情感态度与价值观，形成相应素养。情境素材是为了营造特定的环境和氛围而使用的一种教学材料，它包含有一定的知识性，能够提供知识产生的背景和条件，为情境的创设提供更多的信息。[①]

通过以上的教学模式框架构建，可为义务教育阶段美术的"综合·探索"教

---

① 万延岚,李倩.对《普通高中化学课程标准(2017年版)》中"情境素材建议"的分析与启示[J].化学教学,2019(7):14-19.

学提供一个系统而具体的指导方案。通过多元化的教学内容和问题导向的教学方法,希望能够培养学生的创造力和探索精神,促进他们的综合能力和创造性思维的发展。同时,通过强调团队合作和过程性评价,希望能够培养学生的团队合作精神和沟通能力,使他们在"综合·探索"领域的学习中取得更好的成绩。

第四章

立美美术理念下美术情境教学的案例举要

中华民族在漫长历史中创造了优秀灿烂的传统文化,拥有诗词歌赋、书法、绘画、人文景观等无数形式的美的文化载体。这些文化形式是当代立足美术创作的重要基础,也是我们宝贵的美育资源。当代中国的美育必须坚持社会主义核心价值观的引领和导向,为立德树人这一教育根本任务服务,培养社会主义建设者和接班人。只有坚持正确的价值引领,才能充分发挥美育的多重价值,真正促进个体和国家的发展。

义务教育阶段美术教学在确立立美目标与内容时,应根植于社会主义核心价值观和中华民族精神,在追求多样性的基础上保持价值底色的一致性。在选择立美内容时,要坚持价值导向,注重选取体现社会主义核心价值和传递时代精神的美的承载物,展现中国人的思想情怀之美、精神品质之美。

义务教育阶段美术教学从艺术实践不同的维度出发,展开情境教学探究,深入剖析教学内容,充分挖掘美术学科的魅力,构建审美教育和情境教学之间结合的桥梁,探索美术情境教学的范式。这就要求教师树立全新的教学理念,善于开发并且利用多方教学资源,发挥自己的教学智慧,创新教学方法,探寻美术情境教学课堂的教学范式。合理利用教材内容,全身心投入学科之中去挖掘美的元素,充分唤起学生"立美"的意识,提升审美能力,涵养审美情趣,向更加高级的审美素养迈进。

在立美美术教学中,要注重展现中国人的思想情怀之美、精神品质之美。通过展示中华民族历代尤其是近现代以来为国家谋富强、为人民谋幸福、为社会主义事业拼搏、奋斗和牺牲的仁人志士的崇高之美,来展现中华民族的伟大精神。继承中华美育精神,发掘传统内容,倡扬社会主义核心价值观实际上也是中华美育精神的当代体现。中华美育精神还包含着诸多传统内容,如注重人的内在修为与君子品格之美、追求"风骨"与"境界"的审美立美传统等。在当代立美过程中,应进一步发掘这些中华美育精神的内涵。中华美育精神蕴藏在我国丰富的优秀传统文化载体之中。通过深入研究和传承这些传统文化形式,师生能够更好地理解并弘扬中华民族的美育精神。

第一节 "欣赏·评述"类艺术实践情境教学案例评析

2020年,中共中央办公厅、国务院办公厅印发的《关于全面加强和改进新时代学校美育工作的意见》提出要"将学校美育作为立德树人的重要载体,坚持弘扬社会主义核心价值观,强化中华优秀传统文化、革命文化、社会主义先进文化教育,引领学生树立正确的历史观、民族观、国家观、文化观,陶冶高尚情操,塑造美好心灵"。只有坚持正确的价值引领,倡扬中华美育精神,坚持社会主义核心价值观的引领与导向,立美才能充分发挥其多重价值,真正促进个体和国家的发展。

我国丰富的优秀文化蕴藏着深厚的美育精神,在漫长历史长河中创造了许多灿烂的文化,拥有不计其数的美的文化载体形式,绘画、书法、人文景观、诗词歌赋等都是当代美育的重要依托,是义务教育美术教学中可以充分利用和开发的美育资源。用历史与整体的眼光去审视,弘扬社会主义核心价值实际上也是中华传统美育精神的当代体现。在义务教育美育过程中,应当挖掘并传承追求"风骨"与"境界"的审美立美传统,以及注重人的内在修为和君子品格之美的中华美育精神。具体而言,在制定立美目标时,要根植于中华民族精神、根植于社会主义核心价值观,在价值底色一致的基础上求多样;在挑选立美内容之际,必须坚定价值取向,精选那些能够体现社会主义核心价值观、传递时代精神的美的载体。在义务教育美术教学中,通过情境教学展现中国人的思想情怀之美、精神之美、品行之美,展现为人民幸福和社会主义事业拼搏、奋斗和牺牲的崇高之美,等等。

一 "欣赏·评述"类艺术实践概述

通过"欣赏·评述",学生学会解读美术作品,理解美术及其发展概况。以注重发展学生审美感知和文化理解素养为起点,根据学生的认知特点,设计单元教学活动，引导学生以个人或小组合作的方式，利用各种途径收集资料，学会辨析不同风格与流派，并从历史和文化的角度探究美术的发展历程，把握其基本脉络；指导学生建立学习档案袋，将调查记录、活动记录、文献资料、报告、自我反思与他人评价等以文本、表格、图像、视频等多种形式存入其中，为评价提供依据；注重引导学生理解"美术反映不同时代、国家和地区的历史与文化传统"，开展教学评价，注重学生的理解。以人教版《美术》九年级上册第五单元"中国民间美术"的教学为例，在立美美术理念下，本单元的教学终极目标是"传统立美——让精华获得继承"。课程概述如下：中国民间美术种类繁多，寓意深刻，文化内涵深厚，是一个自成体系的美术种类，是我国传统文化精髓之一。欣赏民间美术作品首先要搞清楚民间美术的概念、种类，了解民间美术的一般审美特征，初步掌握民间美术的一般欣赏要点。

民间美术是在我们劳动人民社会生活中发生、发展，并流传了几千年的美术品种，它存在于劳动人民衣、食、住、行、用各方面，品种浩繁。课程选取了年画、风筝、玩具、剪纸、编织等几类典型的中国民间美术作品进行介绍，分析其各自的造型特征及审美趣味，使学生初步地、较为全面地了解我国民间美术的辉煌成就，学习、理解、掌握民间美术基础知识。

二 "欣赏·评述"类艺术实践情境创设案例评析

义务教育阶段美术"欣赏·评述"类艺术实践情境教学中，为了使课堂教学富有"磁性"，应创设怎样的教学情境来激发学生的学习兴趣呢？

九年级的美术课，由于学生面临升学压力，思想上重视不够，再加上很多任课教师缺乏创新意识，上课方法单一，又一味地对作品进行分析讲解，教学效果受到严重影响。著名教育家赞可夫说："我们要努力使学习充满无拘无束的气氛，使儿童和教师在课堂上能够'自由地呼吸'，如果不能造就这样良好的教学气氛，那么任何一种教学方法都不可能发挥作用。"教学重在"领受—领悟—提升"三个过程[①]，如果能在鉴赏课中巧妙地开展故事教学，创设教学情境，将教学内容融入故事之中，一定能启迪学生的智慧，培养学生的审美情趣。关于"故事"一词的内涵，《汉典》中的解释是"用作讲述的事情，凡有情节、有头有尾的皆

---

① 朱开炎.生本教育的生态课堂教学模式[J].课程·教材·教法，2004，24(5)：34-36.

称故事",下面的论述中把"故事"理解为有主题、有情节的叙事。

该课共分为五个部分,教学的目标、教学的重难点在美术教参中已经有详细的介绍,这里就不再一一赘述。在备课时,教师深入了解了中国民间美术的代表性艺术样式及其艺术语言特征,以及各类民间美术与民俗相互依存的关系。收集了很多民间美术的实物,如剪纸、年画、布老虎、惠山泥人等,将这些实物在课堂中展示,一定可以提高学生的兴趣,增添课堂气氛。有了充足的课前准备,如何把这些看似枯燥无味的民间美术知识讲得生动有趣,教师着实花费了一番脑筋。本课教材呈现的内容非常多,有泥人、民间玩具、剪纸、年画等,由于这些作品历史悠久,时间跨度大,要在一节课的时间里把教材的内容讲透确实有一定的难度,因此必须对教材内容进行整合并很好地运用,否则容易受到教材的牵制。

在备课的时候,教师想到民间美术和民俗活动息息相关,于是抓住人生的几件大事——出生、结婚、过年创编故事情节,围绕"民间"这个词语设计教学环节,由面到点,把学生的生活世界与学科的科学知识体系结合,实现学生有效经验基础上的发展,使过程繁而不乱,较好地为教学服务。

当然,故事教学不能游离课堂教学的主题,外加的故事不能是课程教学的噱头。美术故事教学必须是有知识性的、有意义的、有乐趣的,要以趣激学,发展学生的潜力,而不能只追求表面的形式,有趣无知。

情境教学法要根据教学环节进行精心的安排和设计。教师尝试以著名歌星周杰伦作为故事的主人公,设置故事情境,把出生、结婚和过年这几件人生大事串联成故事,在学生理解故事的过程中开展其他各种各样的学习活动,让学生去认识和了解民间美术作品,既是对美术教材的沉积,也是对现代美术教育课堂的发展和创新。具体操作时,主要有四个步骤,即"引—选—串—透"。

(一)"引"——激趣导入

"引"就是引导学生围绕故事主题,根据已有知识经验积累素材。导入开始的时候,教师结合本土资源,让学生欣赏同安农民画作品《拍胸舞》,从学生熟悉的生活场景出发,很快地把学生引入民间美术的领域里,拉近了艺术与生活的关系。接着,教师展示自己收藏的民间美术作品——江苏无锡的惠山泥人。在学生的赞美声中,教师顺带给学生送上良好的祝福:"同学们今天看了大阿福,来年生活更幸福!"紧接着借助课件,展示几张婴孩的图片,伴随一声孩子的啼哭,"E"时代音乐重要的代表人物出生了,他就是——周杰伦。学生看到自己的偶像周杰伦婴孩时的照片,难掩兴奋之情,报以热烈的掌声。

分析:教师在这一环节扮演的是引导者的角色,其主要任务是指引学生随着故事的发展脉络进行思考。抓住这一年龄段学生的心理特征,以"周杰伦"为本课的引导线,给课堂创设了一个良好轻松的教学情境:一个是现代人物,一个是传统艺术,将二者巧妙地联系,就让学生满怀兴趣地进入了这个看似很难明白的"民间艺术大世界"中。而民间艺术与偶像人物互相混搭与整合,在教学内容和学生的关注点之间架起了一座桥梁,巧妙地让学生把对明星的关注转移到了对教学内容的关注上。由于注入了明星元素,使得"民间美术"也披上了时尚的外衣,教学内容也萌生出一种新奇的感觉。

(二)"选"——创设情境

"选"就是选取有代表性的故事展开教学活动,把教学内容整合到故事当中,教学情节围绕教学重点突破教学难点,真正实现"超越教材、用活教材、回归教材"的目标。讲授阶段,教师别出心裁地推出闽南民俗礼仪,巧妙预设了周杰伦成长经历中的几件人生大事:诞生礼、婚礼、过新年。故事设计如下:周杰伦出生了,亲人们都非常高兴,分别送来民间艺术品表示庆贺,外婆送来了虎头鞋、虎头帽,舅舅送来了陕西的泥老虎。教师边讲边把实物拿出来给学生触摸欣赏,学生对虎头鞋等民间美术作品爱不释手,由此引出教学内容——布老虎、坐虎等。接着对比欣赏圆明园文物生肖虎头、国画作品、布老虎,学生理解了"老虎"这一题材的不同表现方式,理解了这些民间玩具造型和色彩的艺术特色,领会了亲人赠送这些玩具的真正含义:寄托长辈对新生孩子的良好祝愿,希望孩子能如老虎一样茁壮成长,虎虎生威。

接着,周杰伦长大要结婚,为布置新房挑选结婚礼物,引出教学内容——剪纸、蜡染、蓝印花布等。再来是要过年了,为营造过年氛围,引出教学内容——年画和剪纸。因为周杰伦是学生的偶像,而让学生和自己的偶像一起欣赏作品无疑是一种很大的吸引力。这三个教学设计就构成了鉴赏美术作品的活动内容,再加上教师的引导、提示和分析,激发了学生的学习兴趣,提高了学生的学习效果。

分析:教师选择了学生耳熟能详的大歌星周杰伦,把周杰伦成长过程中的几件人生大事和中国民间民俗活动有机结合,当周杰伦的形象在课件中展示的时候,学生产生会心的微笑,而后开始思考有关美术教学内容的问题。师生的互动逐渐多了起来,课堂教学也就会散发出无穷的魅力。

(三)"串"——深入领会

"串"就是通过集中、取舍,选择与主题有关的故事进行连缀通串,并加上连接语、过渡句,使故事的开篇、过程和结语等能和教学内容串联起来。

故事总是处于转变的、进展中的,故事只要一开了头,便不会结束。[1]教材指出中国民间美术种类繁多,寓意深刻,文化内涵深厚,是一个自成体系的美术种类,也是我国传统文化精髓之一。在深入阶段,对民间美术文化内涵的理解是这个环节的难点,教师在该环节设置了"心意仓库",心意仓库里面存放了许多生活物品及素材。教师同时让学生参与角色扮演,体会民间美术与民俗活动的紧密关系,表达人们企盼孩童健康成长和对晚辈婚姻美满以及幸福生活的美好祝愿,从而体会民间美术的艺术语言——寓意性、象征性。

角色扮演一:学生扮演周杰伦夫妇。

活动设置一:农历一月一日,要为母亲过60大寿。"心意仓库"展示几样生活物品及素材。请选择并组合成一份寓意深刻的贺礼,并说出选择它们的理由。

角色扮演二:学生扮演周杰伦的父母。

活动设置二:一个月后,你们的儿子要结婚了。"心意仓库"展示几样生活物品及素材。请选择并组合成一份寓意深刻的艺术品来装饰新房,作为父母会挑选哪些素材?请说出选择它们的理由。

角色扮演三:学生扮演周杰伦夫妇。

活动设置三:春节即将来临,你们想要营造过年的喜庆氛围。"心意仓库"展示几样生活物品及素材。请选择并组合成一份能寄托美好愿望的礼物,并说出选择它们的理由。

该教学环节中学生分别扮演不同的角色,表达自己的美好祝愿,让学生在玩味中体会到原来民间艺术与自己的生活是如此密切相关的。教师耐心聆听,适时选取学生的发言进行交流和点评。借助多媒体展示相关图片,让学生更好

---

[1] 曾肇文.一种叙事课程的建构与实施——以"生活领域"为例[J].新竹教育大学学报,2008,25(1):21-52.

地理解民间美术的艺术语言。如出示"百事大吉"(图案:百合花、柿子、大橘子)来寓意大吉大利、事事如意;用谐音的鱼来表示对生殖繁盛和生活富裕的祝福;用具有象征意义的牡丹来祈求富贵平安;用莲蓬和石榴来寄托多子的愿望;用蝙蝠、鹿、鹤来表示福、禄、寿。

分析:建构主义理论认为,学习不是把外界知识直接灌输到心里的过程,而是以"主体"已有经验为基础,在一定的情境中,即社会文化背景中,借助他人帮助而实现意义建构目的。故事都有一根发展的主线,即故事情节。采用故事教学法结合教学活动串联教学内容,教学思路更清晰了,课堂教学中也就不会再有疏漏。周杰伦的几件人生大事都是教师根据民俗活动改编的,选择的余地比较宽泛,情节设置的自主性较强。教师紧扣教学目标中民间美术与民俗活动的关系,使原本枯燥的知识学习变得生活化。同时,学生的思考与回答得到了肯定,极大鼓舞了学生的学习热情,尽管学生的回答还不够成熟,但是每次回答都蕴含着极其丰富的情感。

(四)"透"——总结拓展

"透"就是教学内容的渗透,对知识要点进行总结升华。在品评民间美术与生活的关系的时候,教师让学生结合图片欣赏,谈谈中国民间美术如何更好地融入生活,并在世界舞台上传承她的艺术魅力。让学生作为文化工作者考虑民间美术的发展与保护,丰富了学生的生活阅历,也让学生更加珍视民族美术文化瑰宝。

随着周杰伦成长故事的深入进行,课堂气氛变得温馨感人,萦绕着浓浓的乡土情结。故事进展到这里,很多学生会开始产生疑问:本节课周杰伦的故事那么多,到底是真是假?所以,在课的结尾教师来了个郑重声明:周杰伦的故事纯属虚构,但民间美术知识是真实可信的。"郑重声明"搞笑且有创意,强调了课堂教学内容的虚实关系。

分析:随着社会的进步和发展,民间美术作品越来越受到人们的喜爱,在我们的生活中到处都可以见到民间美术作品。教师让学生讨论民间美术和生活之间的关系,鼓励学生发现问题,提出问题,自己找出问题的答案,有利于师生间的感情交流,获得了良好的教学效果。此外,把知识要点进行总结升华,渗透到学生日常生活中,有助于引导学生用所学的知识更好地去传承和保护民间美术作品,美化我们的生活。

三 "欣赏·评述"类艺术实践情境教学反思与发展

对"欣赏·评述"类艺术实践教学来说情境教学是一个极为有用的教学方法，能帮助教师产生课堂磁性，增加课程内容对学生的吸引力。但在使用时要注意方式方法，不可放得太开，否则，就有哗众取宠之嫌。创设故事教学情境的实质在于它必须为教育、教学服务。因此，在运用故事时应把握分寸，不能片面认为"一讲就灵，一讲就好"。更不能为了故事而故事，一味调笑逗乐，只会弄巧成拙，影响教学效果。

在"欣赏·评述"类艺术实践情境教学中，通过让学生对美术大家作品、经典作品等进行鉴赏和解读，引导学生融入自己的思考、感受和体验。这样一来，美术作品不再只是静止的图像，而是成为学生表达情感和展现个人气质的媒介。通过欣赏大师的作品，学生可以学习到绘画技巧、构图原理以及色彩运用等方面的知识。同时，他们也能够领略到艺术家们独特的创意和艺术风格，激发他们对美的追求和审美意识。然而，单纯的学习和模仿并不能完全展现学生的创造力和个性。因此，在教学过程中，应该鼓励学生根据自己的理解和感悟，发挥想象力，将自己的思考和感受融入艺术作品中。这样的个人风格和独特见解可以使作品更加丰富多样，并且能够反映出学生对世界的独特观察和思考方式。

通过让学生在美术创作中表达情感和展现气质，我们可以帮助他们更好地了解自己，并培养良好的情感表达能力和创造力。学生在探索艺术的过程中，不仅能够发展自己的审美能力，还能够培养自信心和独立思考的能力。因此，教学中鼓励学生融入个人思考、感受和体验是非常重要的。通过这种方式，美术作品将成为学生情感的表达和个性的展现，同时也能够激发学生对艺术的热爱和追求。

情境教学需要教师有良好的功底，这就要求教师在钻研教材、吃透教材的前提下，广泛搜集材料，优化自己的教学风格，使故事成为课堂教学的有力武器。也需要教师具有丰富的知识、丰厚的经验、流利的表达，还要有浓浓的爱心、博大的胸怀、乐观的情绪、爽朗的性格。教师笑着看学生，学生就会笑着看教师，只有笑着看学生，才会有故事的心境。"问渠那得清如许，为有源头活水来。"把情境教学这一泉"活水"引入美术课堂，巧妙设计运用，使之成为生动课堂的助推器、融洽师生关系的润滑油、激活学生思维的催化剂，美术课堂教学将绽放更迷人的风采。

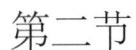

第二节 "造型·表现"类艺术实践情境教学案例评析

义务教育阶段美术教学的一个重要目标是培养学生的想象力,帮助学生在美术领域拓展思维。学生的思绪纷繁复杂,想象力飞扬,会不由自主地产生出强烈的表现欲望,教师要创设教学情境为学生创造一个充满想象力和创造力的学习环境,让学生在感知和鉴赏美术作品的基础上,能够充分激发想象力,自主地创作新的形象,培养表达能力。通过自主创作,学生能够展示出自己独特的视角和想法,同时提升对美术的理解和鉴赏能力,更加积极主动地参与美术学习。

一、"造型·表现"类艺术实践概述

学生通过"造型·表现"学习并精通艺术知识、技巧与思考方法,针对主题进行构思和精炼,运用平面、立体和动态等多样表现手法,传达内心的思想与情感。以人教版《美术》八年级上册第一单元第2课《色彩的感染力》为例,在立美美术理念下,本课教学的终极目标是"想象立美——让思维获得提升"。课程概述如下:《色彩的感染力》一课属于"欣赏·评述"领域,是单元第一课《造型的表现力》的延伸。教材内容从学生日常生活中非常熟悉的色彩入手,引导学生对色彩展开丰富的联想,激发学生兴趣,调动学生的探究参与积极性。该课旨在通过对古今中外不同风格绘画作品的欣赏、评述,以及对作品色彩特点的研究与讨论,让学生对不同风格绘画作品的色彩表现形式有一定认识,感受色彩的艺术感染力。

二、"造型·表现"类艺术实践情境创设案例评析

"视觉文化"时代的发展,信息来源渠道的增多,学生知识面的日益扩大,让

学生的生理、心理正在发生着巨大的变化,学生已不满足于简单而又枯燥的教学模式,他们渴望贴近生活、引起兴趣、点燃创造激情的课堂。新课标背景下,"视觉文化"的影响是显而易见的,但是传统教学的优势还是要继承,我们要思考新的教学模式和教学方法,这就更需要我们不断探究,不断创设新的教学情境,从而不断激发学生对知识的兴趣,营造适合学生成长的课堂氛围,满足学生发展的需求。

《色彩的感染力》的教学目标如下:

知识与技能:了解色彩对人产生的心理联想,掌握色彩的三种不同表现形式,加深对色彩在美术作品中的感染力的理解,提高学生的艺术鉴赏能力。

过程与方法:通过对比欣赏、体验探究、小组讨论等学习方式,体验感受不同风格绘画作品中色彩所传达的情感和内在含义。

情感、态度和价值观:激发学生对不同风格艺术形式的学习兴趣,培养学生自主学习的能力和探究新知识的能力。

本课的教学重点是了解并掌握色彩的三种表现形式以及所呈现出来的艺术特点,体会感受不同风格绘画作品中色彩所传达的情感和内在含义。教学难点是能从色彩的角度分析鉴赏美术作品,并用自己的语言表达对美术作品的感受。

很显然,该课的教学如果按传统的讲授方法去给学生讲色彩的理论知识,将会是非常无聊的,再加上经过几年的教学,教师发现学生对色彩的概念是模糊的,且对了解色彩知识的兴趣普遍不高。如何把教学内容和学生生活以及现代社会和科技发展相联系?在教学中如何在既满足学生兴趣又不增加学习难度的基础上让学生学到基础知识和技能?

那一段时间,3D科幻巨片《阿凡达》在中国上映,掀起了观影狂潮。教师抓住了这个热点,以学生非常喜欢的歌星周杰伦为原型,创编了一个"阿伦达"的故事串联本节课的教学内容,并以时间为主线,从原始社会到十九世纪,把色彩的演变和色彩的基本知识贯穿在故事情节中,大大激发了学生的学习兴趣,取得了良好的教学效果。

当然,在选择教学方法时必须考虑到故事的特点是否能达到直观说明的效果,学生平时并不缺少有趣的故事,但在美术课中拿名人来创编故事对学生来说还是很新鲜的。教师将周杰伦的照片做了PS处理,让他在不同时期穿着不同风格的服饰,于是一个个鲜明的阿伦达形象就呈现在学生面前。以下是教师讲授色彩演变教学内容的片段：

  故事开始——在遥远的侏罗纪时代，我们的厦门观音山上住着一个野人。他的名字叫阿伦达。一天，阿伦达做了一个梦，梦见自己飞翔在美丽的夏威夷群岛上，梦到自己闻到了法国薰衣草的芳香，梦到自己在金碧辉煌的北京故宫，还梦到了南极的冰川、撒哈拉沙漠、肯德基的美食。此时他感到又饥又渴，他想伸手去拿却什么也没有。阿伦达从梦中惊醒，睁眼一看，发现自己住的山洞没有什么颜色。他觉得非常奇怪，梦中看到的景象色彩是那么的丰富，为什么和眼前所见的不一样呢？阿伦达决定离开观音山去寻找梦中的色彩。

  美术是一种图形语言，在保证美术知识体系的同时，教师尽量使课堂"像坐在草地上给学生讲故事一样"，使课堂有富有趣味的叙述，也有充满悬念的情节；有富有启示性的提问，也有充满希望的鼓励。教师尽可能通过教学与学生进行情感交流，真正体现出"以学生发展为本"的理念。

  由于选择了学生非常熟悉的周杰伦的形象，所以学生的兴趣一下子被调动了起来。接下来教师开始介绍阿伦达对色彩的认识之旅，让学生从远古时代开始了解色彩的运用及演变过程，并结合不同时期展示不同的绘画作品供学生分析欣赏。

  该课内容涉及的时间跨度长，涵盖面广，教师进行情境创设，以故事情节为主线，从故事主人公阿伦达的形象塑造、故事情节创设，到了解色彩的演变，使教材内容可伸缩性大。这一创新的内容是需要教师和每位学生用自己的观点去理解的，也需要教师和学生对给定的教材内容有自己的解读。在这节课中，学生对于教师的提问、大师作品的欣赏、色彩知识的讨论、活动的展示等，都报以了积极的交流、评价，也真实地展现了当代中学生的个性风采。对于这节课，教师和学生都意犹未尽。

  而学校年轻教师在上《色彩的感染力》一课时，她的情境创设显得更加新颖独特。年轻教师的本课说明文本如下：《色彩的感染力》是人教版《美术》八年级上册第一单元第2课的内容，依据《义务教育艺术课程标准（2022年版）》的划分，本课属于"欣赏·评述"学习领域。色彩是诉诸视觉最具感染力的形式语言，而绘画恰是能体现色彩感染力的载体。本课主要通过对典型绘画作品的欣赏，了解不同风格流派对色彩感染力的诠释。通过对教材的深度解读，结合"三种文化"融入课堂理念，选取了课本中的一幅具有代表性的中国青绿山水作品《千里江山图》作为学习切入点，引导学生进行深度的色彩语言剖析。课堂教学主

要从"初识千里江山—细品千里江山—感悟千里江山"三个学习梯度层层推进,具体展开如下:

新课导入:易烊千玺歌曲导入,分享生活中进行的"古画会唱歌"的网络活动,引入本节课的学习。

讲授新知识:

1.初识千里江山:观察画面,除了墨色以外,还用了哪些颜色?古代的颜料从何而来?

学生观看视频,了解矿物质颜料的制作过程。

画家为何能够用上如此珍贵的颜料？——画家背景简介。

2.细品千里江山:带着问题观看千里江山电子展览,并思考画家是如何展现场景之大和技艺之高的。

讨论、归纳、总结:场景之大——运用三远法的透视原理;技艺之高——精妙的细节。

3.感悟千里江山:色彩大揭秘——写实色彩与表现性色彩呈现的不同视觉效果。

艺术家根据自己对于千里江山的理解,完成了整幅画卷的创作,虽说自身绘画技艺高超,但其所使用的青绿色为整个画卷填入了浓墨重彩的一笔,令整个画面熠熠生辉,大宋万千气象瞬间跃然纸上。

在本课知识学习的过程中,所采用的评价工具主要有基于核心素养的课堂学习评价量表、过程性学习行为记录表及懂你教育平台。其前两种评价工具是结合课堂的推进进行使用,主要是由师生互动、生生互动生成记录,懂你教育平台则作为综合诊断的工具,与学校的教学管理产生后台大数据的联动。三种评价工具能够从学生学习的不同层面对学生的学习进行全面的评价。评价数据的收集渠道主要是手动记录和网络平台数据分析,能够形成纸质版的记录量表及综合精准的电子分析图表。单就本节课而言,评价工具的使用反馈良好,接下来可以形成课程单元化,减少单课时的记录频率,从而形成更为完整的"欣赏·评述"单元评价体系,促进学生美术学科核心素养的落地。

三 "造型·表现"类艺术实践情境教学反思与发展

本课教学过程中,教师通过多幅作品引导学生感悟对比色在绘画作品中的强烈、活泼、跳跃等美感。这些作品可以帮助学生理解对比色在画面中的作用,有助于学生对课题的理解,也有助于启发学生的创作构思。但由于学生对如何使用对比色表现动感缺少感性认识,教师在教学中应充分利用多种教学手段,引导学生观察、体验和感悟,并注意引导学生有意识地使所画的内容也有动感,使颜色与表现的内容一致,增加画面的动感。

这节课给教师最大的启示就是,合适的教学方法的使用能最大限度地提高课堂教学效果。作为教师必须要学会以新颖有趣的教学形式和内容吸引见多识广的学生,在新奇的互动情境中激发学生的兴趣。

学校年轻教师所上的《色彩的感染力》一课,情境创设有新意,给人留下了深刻的印象。以下是几位听课教师的评价意见。

教师1:通过《丹青千里》音乐视频进行导入,渲染艺术氛围,带给学生视听上的双重享受。教师讲授古人开采矿物原料的艰辛过程,感染学生珍惜当下,不负流年。展示《千里江山图》凉亭、建筑局部,阐述画家技艺高超,并说明在绘画中不仅要追求主观表现性,也要追求客观性、真实性。教师语言丰富,整体给人如沐春风的感受。此外,教师在教学中穿插音乐、数学学科知识形成了跨学科教学。在多重知识文化情景下,提升了学生美术鉴赏力和综合素质。

教师2:人文教育实质上是人性教育,其核心内涵是人文精神,而精神的培育离不开文化和实践。在《色彩的感染力》一课的导入部分,教师就营造了这样的精神氛围:通过视频《丹青千里》,以一个人的视角来体会《千里江山图》的宏大场景,学生可以很自然地将自己代入视频的角色中,在画卷里遨游,受到广博的文化知识的熏陶和滋养。紧接着教师又创设了一个贴近学生生活实际的情境:将自己代入为一个为博取皇帝欢心的画师,来讲解自己是怎么画出《千里江山图》的。如此使学生设身处地地理解作画的缘由,深入感受画面背后的故事。教学过程中,教师多次运用了对比和总结的方法来加深学生对教学难点的理解,一步步帮助学生自发地推导出答案。这节课的亮点还在于帮助学生进行知识的应用与迁移。当脱离了课堂,教学能走多远?学生在今后学习生活中是否可以自己去感受色彩的魅力?这同样是教师的一种人文关怀。最后教师提到王希孟的身世经历,引发了学生情感的共鸣,王希孟在18岁的年龄画出《千里江山图》,人生却如昙花一现般陨落,使学生学会反观自己以理解、重视人生的意义。

教师3:首先,教师通过展示图片、视频,以及进行师生互动等多种教学方式向学生展示丰富的色彩世界,引导学生了解分析《千里江山图》的艺术特色与创作背景等知识,且以分辨写实色彩与表现性色彩作为教学重难点,教会学生准确表述色相和分辨情绪性色彩。其次,在教学过程中,教师采用了短视频方式向学生展示《千里江山图》,不仅让学生能更直观地感受《千里江山图》的魅力,且很成功地通过问题激起了学生的好奇心。作为一幅佳作它的场景大在哪?细节精在哪?这样的问题有利于引导学生主动学习,锻炼观察能力,记住作品的背景知识。这种现代化的教学手段,在现如今的课堂教学中是非常具有吸引力的,教师具备熟练运用短视频的能力,能够让学生在较短时间内集中注意力、提升学习积极性,从而引导学生对艺术作品产生较大的兴趣,也有利于学生主动学习,提升艺术素养。再次,教师用诙谐幽默的语言,带给学生轻松的课堂氛围,在师生互动环节中,能较好引导学生从浅至深、从分析到总结获得更多的色彩知识。多次的师生互动,有利于调动课堂的氛围,让学生能够保持较好的学习状态。最后,在总结部分,教师再次强调教学重难点之外,还拓展了一个小知识,帮助学生可持续地思考如何去读懂艺术语言以及如何准确地表述色相。而图片对比让学生自己找出不同,有利于引导学生自主地思考问题、解决问题,锻炼学生研究问题的能力。

教师4:人文教育与美育其实归根结底是相通的,党的十八届三中全会通过的《中共中央关于全面深化改革若干重大问题的决定》再一次强调"全面贯彻党的教育方针",指出要"改进美育教学,提高学生审美和人文素养"。这一提法,具有重大的现实意义。要发展美育提高人文素养,学生需要拥有高水平的艺术鉴赏力,且必须要对具有典范性和体现技术卓越性的艺术进行审美感知,而且这种感知不能仅仅是针对艺术模象,更要亲临艺术现场,注重氛围、环境的熏陶。本节课利用音乐视频进行导入,让学生通过音乐来认识名画《千里江山图》,学生恰似亲临现场,体验到画卷的连绵不绝。"蓬生麻中,不扶自直",是说在一种良好的环境中人是会自然成才的。这里的环境不仅指自然,还包括人文。教师在讲授色彩的知识时运用了王希孟的故事,这个过程不是教师一味地灌输,而是由浅入深、巧妙设问,使学生跟着教师的思维一步一步形成作品背后的历史环境,了解作品背后的人文故事和历史文化。美育是潜移默化、润物无声的,从这个角度上来说,美育不能阈限于艺术,还要关注世间的各种美好。个人认为作为"欣赏·评述"课这节课实现了对受教主体审美探索与求知积极性的充分调动,从而形成了学习行为的主动与自觉,即使施教主体不存在,其学习行为也会持续。课堂的最后一个环节,教师总结了色彩的知识点,让学生独立欣赏作品的色彩并讨论,从学生的课堂表现及反馈看,受教者无疑已经做到了授之以渔。

教师5:教师以《千里江山图》这幅画卷入手,从初识千里江山、细品千里江山等主题带领学生探究此画,层层递进,并创设"如何才能讨得皇帝的开心?"这一情境,使学生代入角色引发思考。教师以学生为主体,通过不断提问的方法引导启发学生对这幅画的深入挖掘,解决了本节课的重点问题。此外,教师放大《千里江山图》的局部,引发学生的好奇心,学生跟着教师的脚步感受《千里江山图》独特的艺术魅力。在结束对这幅画的讲解后,教师要求学生对知识点进行小结,这使教师能够及时发现教学中的问题并进行调整。教师在最后提及王希孟的个人经历,让学生体悟画家背后的故事,学生从故事中能够关注人与人、人与环境的关系,审视人生命的价值,领悟画家所表达的真、善、美,这一过程充满了人文关怀。

第三节 "设计·应用"类艺术实践情境教学案例评析

义务教育阶段的学生对待美术课有着不同的态度。一部分学生通过学习美术课程和培养审美意识，一直对美术课程并不抵触，甚至对其中一些教学内容感兴趣，并有求知的欲望。而另一部分学生随着年级的增长学习重心慢慢转移到了中考科目上，对美术课程缺乏关注和兴趣。

以中学美术教育为例，在中学美术的"设计·应用"类艺术实践教学中，主要目的是培养学生初步形成设计意识和独立思考能力。因此，教学过程中不能简单地灌输知识给学生，而是要引导学生主动接触各种设计，并体验设计的乐趣。在教学过程中，教师不仅要考虑如何吸引那些热爱学习美术的学生，还要通过创设情境来激发那些对美术课程不上心、不感兴趣的学生的参与。情境的设置应该与学生的生活相关，以便让学生在学习过程中感到亲切，并最大限度地调动他们的学习兴趣。通过增加课堂上的互动性，可以极大地提高学生参与课堂教学的积极性。

在核心素养培育时期的美术教育中，教师应当激发学生的积极性，促使他们自主探索并解答美术课上所提出的问题。对教师来说，精心准备的教学设计能够增进对课程内容的理解深度，并增强对教学过程的控制能力。应通过采用更高效合理的教学方式来实现教学目标，从而让学生受益。情境教学的关键在于创设一个具有情境氛围的课堂。在进行课程设计时，教师应确立明确的教学目标，并借助学生身边的实物或近期热点话题来构建教学情境，以此来点燃学生探索知识的欲望。此外，课堂上讲解的知识应当与学生的日常生活紧密结合，使教学内容与学生的现实生活息息相关，从而提升学生对新知识的亲近感，缩小学生与课堂之间的隔阂。

教师还应利用近期的热点话题或新兴的设计和潮流元素进行教学，以激发学生的热情，让学生在课堂中相互讨论并表达自己的观点，最大限度地调动学生的积极性，让他们在课堂中独立思考。这样的教学方法有助于培养学生多方面的能力,并力求实现核心素养时期对学生自主发展和社会参与的要求。

一 "设计·应用"类艺术实践概述

在"设计·应用"这一艺术实践中,学生将生活与社会背景融入其中,运用设计、工艺的知识与技能,以及相应的思维模式,围绕问题展开学习,依托项目进行深入探究,既传承也创新。根据学生的认知特点,设计单元教学活动,引导学生学习美术家观察、思考和表现的方法;帮助学生发现想要表现的题材,提炼主题,以个人或小组合作的方式探究传统与现代的工具、材料和媒介,选用绘画、雕塑、摄影、动画、微电影等形式,富有创意地完成作品创作,表达自己的想法、观念和情感;鼓励学生将创作的作品用于文字设计、班级布置和校园展示等,进行分享与交流;注重引导学生理解"美术可以表达思想与情感,并发展创意能力"。教师以人教版《美术》九年级上册第二单元"情趣浓郁 能工巧匠"第5课《彩塑》为例,在立美美术理念下,本课的教学终极目标是"文化立美——让生命获得滋养"。课程概述如下:以黏土加上纤维物、河沙、水揉合成的胶泥为材质,在木制的骨架上进行形体塑造,阴干后填缝、打磨,再着色描绘的作品称为彩塑。彩塑按摆放位置与使用范围可分四类:石窟彩塑、庙宇彩塑、陵墓彩塑、民俗彩塑。通过教学,帮助学生了解中国古代彩塑艺术在历史发展的各个阶段的重要成就和艺术特点,从而丰富学生的雕塑艺术知识,提高审美能力,增强民族自豪感和爱国主义情感。

二 "设计·应用"类艺术实践情境创设案例评析

本课程内容属于"设计·应用"学习领域,是知识传授与欣赏融为一体的综合课,其人文性和综合性是课程教学的基本特征。教材围绕彩塑这一艺术主题展开,对彩塑进行较为系统的介绍。本课教学将以彩塑图片、视频、教师提问和学生分析回答为主,教师的引导讲解为辅,设计故事教学情境,用教师的游览经历串联整个教学过程,让学生在感受美的同时了解彩塑的发展、彩塑的艺术特色及彩塑独特的地位。

教学目标

1.知识与技能:了解彩塑艺术的特征,了解我国独具特色的民间艺术,提高学生的审美能力。

2.过程与方法:通过欣赏古今优秀的彩塑作品,在欣赏中体会彩塑作品的艺术特点,提高学生的想象力和创造力。帮助学生初步掌握制作彩塑作品的基本方法,了解一般的制作过程。

3.情感目标:通过欣赏彩塑作品和进行课堂互动,学生能初步感受民间艺术的魅力和丰富内涵,以此培养学生热爱民族艺术的情感和民族自豪感,让学生更加热爱生活和民间艺术,积极乐观地面对生活。

4.德育渗透目标:感受彩塑独特的艺术魅力和人文内涵,体会中华传统文化的精髓,增强文化自信,增强民族自豪感。

教学重点

掌握彩塑的基本分类和艺术特色。

教学难点

对彩塑作品文化内涵的理解。

教学准备

学生准备美术课本、签字笔等;教师准备多媒体课件、希沃一体机、实物教具等。

教学过程

课前准备:教师提前进教室,调试希沃一体机。向学生交代录播注意事项,分发课本。学生安静就座,调整学习状态。

课堂导入:同学们,中央文明办推出了"中国梦"公益广告。这位身穿红棉袄,头上梳小辫,露出圆嘟嘟、红扑扑脸蛋的小女孩经常出现在《梦娃》系列公益广告中。小女孩的形象取材于天津高级工艺美术师林钢的彩塑作品《梦娃》,是一尊天津"泥人张"的泥人。

师:这些作品的学名叫什么?(请学生观看图片,了解公益广告中的这些形象,加深认识,回答相关问题)

学生:这些都是彩塑。"中国梦"的基本内涵是实现国家富强、民族振兴、人民幸福。

揭示课题:第5课"抟土描彩 塑绘盛世——中国彩塑",学生阅读课本18—19页内容,熟知书本知识。

视频欣赏:播放视频——《中国泥人,化腐朽为神奇的艺术》。

师:请同学们找一找,视频中的泥塑主要来自哪些省份?观看视频,集中注意力,解释泥塑的发展及变化。

教授新课:把根留住——我国主要在哪些省份有彩塑?

掀起你的盖头来——什么是彩塑?

彩塑是以黏土为主要材料进行造型,干燥后施以彩绘的传统民间雕塑工艺品。归纳彩塑小档案:姓名、拼音、别名、制作材料、技法、过程、彩塑的种类,请对号入座。学生回顾视频内容,回答相关问题。了解彩塑的概念,参与归纳并整齐回答。借助希沃白板,现场进行分类:陵墓彩塑、石窟彩塑、民俗彩塑、庙宇彩塑。与地理学科相融合。明确彩塑的含义:形体塑造,阴干后填缝、打磨,再着色描绘。加深印象,互动环节,促进对彩塑类别的理解。

情境创设:彩塑之旅,钟爱一生。

第一站:江苏无锡"惠山泥人"。一个传说,一个寓意。中国彩塑秀:播放视频(展示实物作品),问:看了"惠山泥人"栩栩如生的表情和夸张的形态,你有什么感觉和感想?

第二站:天津"泥人张"彩塑。教师介绍四代传人的作品。讨论:羞答答的彩塑静悄悄的"呆"——江苏无锡"惠山泥人"和天津"泥人张"彩塑的艺术风格有什么不同?

第三站:甘肃敦煌彩塑。自宋代以后,随着寺庙兴建的盛行,社会经济、商业活动的日益发达,彩塑和小型雕塑得到发展,在民间广为流传。清代晚期出现两大代表:南方江苏无锡的"惠山泥人"和北方天津的"泥人张"。学生近距离欣赏,了解神话传说,以及"惠山泥人"的来历。感受彩塑之美,了解欣赏"泥人张"彩塑。学生从作品主题、造型、色彩等方面对彩塑作品进行对比分析、归纳总结。知道敦煌彩塑的历史和艺术风格。这个环节的情境设置,使得学生的情绪激动,讨论热烈,知道了不同地域彩塑的风格各不相同。如此,让学生们感受彩塑作品独特的民间艺术特色,感受民间艺术家们所表达的情感,从而更好地提高审美素养。

对比分析:特别的爱给特别的你——彩塑作品与"高达"、"拼装玩具"等卡通造型有什么不一样的地方?

彩塑的艺术特点:造型概括、简练、质朴,色彩浓重、艳丽、单纯、明快。"三分塑,七分彩",艺术家运用夸张、装饰的手法略加点染,以色彩来丰富完善造型。

在这一环节中,学生分析并回答彩塑作品与"高达"、"拼装玩具"等卡通造型不一样的地方,知道新的知识点,理解"三分塑,七分彩"的真正意思。让学生结合作品进行欣赏评述,意在促进审美活动的个性化,培养学生探究意识和能力。之后,教师进行彩塑制作步骤详解。

拓展延伸:敢问路在何方——彩塑在今后该如何发展?(学生思考后进行个人陈述。多渠道、多角度探究彩塑的魅力,重在表达自身感受和体会)

课堂小结:任何一门手艺的成功,都不是一蹴而就的;任何一门手艺的传承,背后都是几代人不懈努力的结果。民间艺人通过观察生活,吸取生活中的世情百态,用双手传递智慧和情感,抓住某个瞬间进行创作,成功定格、幻化出惟妙惟肖的艺术作品,是心手完美结合的民族历史记忆。

拓展阅读:人教版《美术》八年级下册第三单元"为生活增添情趣"第2课《摆件巧安排》的教学设计如表4-1所示,教学过程如表4-2所示。

表4-1 《摆件巧安排》教学设计

课题	摆件巧安排	课时	1
教学目标	认知、技能目标——知识与技能:通过教学使学生了解生活中的小摆件与环境的关系,学生能够根据居室环境,巧摆巧做小摆件,并使其艺术风格、造型尺度、材料运用以及色彩搭配与居室协调。提高文化素养和艺术品位,为生活增添乐趣。(欣赏、理解、辨析策略) 方法、素养目标——过程与方法:通过小猪佩奇的参观交流,带领学生欣赏分析居室中有创意的摆件,丰富审美经验。归纳摆件的色彩、造型、艺术风格与居室环境的关系,领悟摆件的摆放规律。启发学生用环保材料去创作一个小摆件,培养创新能力,提高环保意识,美化居室环境。(感悟、转化、驱动策略) 情感目标——情感、态度和价值观:在温馨有趣的课堂氛围里培养学生热爱生活、热爱自然、美化居室的意识,提高艺术素养和生活品位。(情境、升华策略)		
教学重点	从艺术风格、造型语言、材料运用以及色彩搭配等方面进行分析,让佩奇带领学生欣赏、讨论、实践、思考,了解摆件与环境的关系,理论联系实际,灵活运用知识。		
教学难点	如何启发学生了解生活美与艺术美之间的关系,提高他们在实际生活中的审美感受与艺术体验。		

127

续表

课题	摆件巧安排	课时	1
教学策略	1.以小猪佩奇为故事的主人公,教学中联系生活实际,运用多种灵活多样的教学形式,采用启发式教学策略。引导学生了解摆件与环境的关系,理论联系实际,灵活运用知识。使学生能够根据自己的居室环境,巧摆巧做小摆件,美化生活,提高审美。 2.强调过程与方法。教师以故事教学为主线,用"欣赏、分析、联想、启发、创造、实践、评述"等活动展开课堂教学。让活泼可爱的小猪佩奇引导学生结合自己的观察和实践,根据摆件的摆放规律,从大处着眼,从小处着手,制作一个有创意的小摆件,给生活带来美感和情趣。 3.突出创意的"巧"。借助优秀图片资料,围绕"巧"字做文章展开教学活动:作品巧安排,工艺巧制作,材料巧利用。根据教学活动设计多媒体课件,设置故事情境,利用环保材料制作范例,给学生很好的示范。课前布置学生自己拍摄自家的居室摆设,用以进行课堂小组分析讨论。这样更易激发学生的学习兴趣,发挥他们的主动性、灵活性。本课的教学设计应紧紧围绕着欣赏与评述这两个教学活动,学习目的明确,学习内容便于接受,易于理解。		
教学准备	学生	美术课本、铅笔等。	
	教师	多媒体课件、音乐、视频、小摆件等。	

表4-2 《摆件巧案排》教学过程

教学流程	教学活动(含过程与方法)	设计目的和说明
课前准备	安排学生课前了解教材内容。同时布置学生拍摄家里小摆件的照片,在课堂上交流。上课前播放现代创意家居设计视频供学生欣赏。	布置学生自学,提前了解学生。
话题导入	以热播的《小猪佩奇》为谈话导入。《小猪佩奇》是2004年开播的英国学前动画片,故事围绕佩奇和家人的愉快经历展开,幽默而有趣。 小主人把他们带回了家,摆设在儿童房里。	以学生的兴趣点带动学生观察和思考,感受教学主题。
身临其境	初来乍到,活泼可爱的佩奇缠着主人参观新家,她又见到了许多小摆件。展示3D家居空间环境布置及装饰。找找看,居室里有哪些摆件给居室增添了温馨与情趣? 师:一个小小的摆件,会给生活带来美感和情趣。	用多视角欣赏室内环境设计,给学生身临其境的感觉。关注室内装饰品与环境的关系。

128

第四章　立美美术理念下美术情境教学的案例举要

续表

教学流程	教学活动(含过程与方法)	设计目的和说明
概念解析	摆件是美化生活空间的装饰性饰物即摆放在公共区域、桌、柜或者橱窗里供人欣赏的物件,范围相当广泛,雕塑、铁艺、陶瓷、花艺、玻璃等都属于这一系列。认识摆件大家族,摆件巧安排。	明确摆件的分类,认识小摆件。
欣赏与思考	欣赏成功家居装修案例,思考哪些摆件的布置给了你启发和灵感?	引导欣赏,运用基本的造型语言表达自己的审美情趣。
分析与体验	想一想:摆件的布置与哪些因素有关?巧妙之处在哪? 学生:艺术风格、色彩、造型尺度、材料。 评一评:选择个别同学对预习情况做一个汇报。可选择生活中的一些小案例,谈谈自己的理解。说一说有什么优点,有什么需要改进的地方?教师对学生的预习情况给予及时的补充,肯定学生的预习情况。	分析居室中有创意的摆件,丰富审美经验。领悟摆放规律,全面感受摆件在居室中画龙点睛的作用。
联想与启发	我爱我家:佩奇想让主人利用废旧的材料制作小摆件。材料巧利用、工艺巧制作。 学生参与课堂活动。 师:巧妙的来源是灵活的思维,进行立体全方位的思考才能达到巧学巧用的效果。	以微观的视角感受细节的"巧"。 培养学生主动参与的意识,关注学生的学习方式。
实践与评述	摆件小达人!为佩奇制作小伙伴。 我们身边有很多材料可以用来制作摆件,用以点缀居住环境。 身边有哪些材料可以利用,有什么特点? 用这些材料制作作品时会用到哪些工具? 小公式:彩色纸条+固体胶=? 奇思妙想:如果以废旧的彩色纸条为基础材料,你可以把它改装成什么好看的小摆件呢? 学生陈述自己的创意设计。 制作举例1:纸条编织芬兰星。 制作举例2:纸条制作小玩偶。	帮助学生把握艺术创作的实践方法与精神内涵。密切联系学生的生活实际,提高审美感受与艺术体验。 激发学生的学习兴趣,发挥学生的主动性、灵活性。

续表

教学流程	教学活动(含过程与方法)	设计目的和说明
课后作业	试一试,尝试表现。请使用废弃的材料和适当的工具,进行创意设计和艺术加工,为佩奇制作一件有趣的小摆设。并在微信朋友圈里展示与评价。 要求: 1.可选用单一材料,也可用多种材料组合,并添加新的装饰。 2.注意工具的使用安全。也要注意材料加工后的处置,保持好环境卫生。	在领悟小摆件的摆放规律同时,动手制作一个有趣味的小摆件。引导学生在实际操作中探究巧摆巧做的规律。
教学总结	小猪佩奇很快融入这个新家里,与其他小摆件和睦相处,过上了幸福美满的生活。 生活中往往不缺少美,而是缺乏发现和创意。生活中我们常见的多数材料都可以用来设计与制作室内装饰品,特别是废旧材料的使用,能让我们的创意充分地发挥出来,为我们的生活增添色彩。 幸福感的提升, 来源于对生活的热爱。 随处可见的小摆件, 都会是你挥洒创意的地方, 动起手来,一起装饰美好家居吧!	鼓励学生在生活中尝试实践,美化生活,为生活增添情趣。
板书设计	摆件　　　　安排 材料　　巧　利用 工艺　　　　制作	

三 "设计·应用"类艺术实践情境教学反思与发展

俗话说"万事开头难"。对教师而言,巧妙地运用导入课程的环节极为关键,因为一个高水准的导入不仅能够彰显教师的知识底蕴,还能体现其专业精神。更为重要的是,精心设计的导课环节可以在课堂教学开始时引起学生的兴趣,并为后续内容的学习打下良好的基础。通过导课环节的铺垫后,进入知识探究阶段。在这个阶段,教师应该教会学生如何学习,并给予他们最大的学习动力。通过情境创设的方式,教师可以借鉴以上因素,将各种因素考虑周全,从而达到教学目标。因此,在教学过程中,教师需要注重导课环节的设计和实施。一个好的导课环节不仅能够引发学生的兴趣,还能够为后续的内容学习提供支持。同时,教师还应该教会学生有效的学习方法,并为他们提供动力和激励。在情境创设的过程中,教师需要综合考虑各个因素,以确保达到预期的教学目标。

第四节 "综合·探索"类艺术实践情境教学案例评析

课程综合是核心素养时代教学的趋势,是对课程的综合性和探究性的要求,特别注重突出美术的主体,强调有效整合美术和其他学科的知识内容,提倡通过有意义的艺术体验,加强学生经验与课程及生活的联系,提升学生的核心素养。在美术教育中,教师可以通过运用"文化立美"的理念,为学生美术精神的成长提供丰富的土壤。这种方法不仅可以激发美术教学的活力和乐趣,还能够培养学生的情操和塑造学生完善的人格,更能够滋养儿童的自然生命。通过"文化立美",教师可以使美术教学为学生自然生命提供滋养。换言之,美术教学的"美学场"是通过美术教学中融入的各种"美"的文化元素来营造的。比如,在教授制作贺卡的过程中,可以结合不同的节日背景,例如教师节、中秋节、国庆节、重阳节等,来渗透尊师、敬老、热爱父母等思想品德教育内容。每个文化节日都能激发学生创作出不同风格的贺卡。对一些学生来说,他们会结合节日的特点,比如中秋节吃月饼、国庆节挂红灯等,来设计创意十足的贺卡。通过这种方式,学生不仅能够在学习中体验到丰富多彩的文化元素,还可以激发自己的创造力和想象力。同时,他们也能够更好地理解并尊重不同的文化传统,从而培养出更加全面的美术素养。

因此,借助"文化立美"的方法,可以让美术教育更具有意义和深度,为学生提供全方位的成长机会。

一 "综合·探索"类艺术实践概述

在义务教育阶段加强课程的综合性,有意突出美术在综合探究中的主题价值,通过"综合·探索"类艺术实践,注重引导学生理解美术在综合探索领域中的共享,注重美术在人类文明、生活中的价值,注重综合课程中的具身体验和艺术思维的培养。以大观念、主题的形式组织课程内容,提倡以基于项目和问题的合作探究方式组织课程教学,有助于引导学生运用综合能力进行探究学习,通过情境教学培养学生解决问题的能力。以任务为导向组织课程内容,聚焦艺术核心素养,综合探索的任务也从聚焦自身扩展至周边的生活,再扩散到整个人类文明。

学生运用其美术知识、技能及思维模式,融入自然、社会、科技与人文领域,开展跨学科的综合探索与学习迁移,以此增强核心素养。引导学生以美术课程为主体,整合不同学科的知识组织单元教学,帮助学生进行深入探究;引导学生利用多种工具、材料和媒介,以及综合性技能和表现方式,表达对美术所作贡献的感悟和理解;引导学生理解"美术对推动人类文明发展作出重要贡献",进一步提升综合探索与学习迁移的能力。

以人教版《美术》八年级下册第五单元"移步换景　别有洞天——中国古典园林欣赏"为例,在立美美术理念下,本课的教学终极目标是"精神立美——让情感获得升华"。课程概述如下:通过欣赏、讨论、总结、展示,了解中国古典园林的美,掌握欣赏中国古典园林的方法,提升欣赏评述的能力,传承中华文化艺术的精神。在情境创设阶段,以"园林之美"为主题做跨学科课程设计,目的是加强园林知识与学生生活经验的联系,让学生在美术综合课程中进行具身性的体验学习。课程围绕"园林"主题,进行三节课的综合课程实验。学生在教师的引导下走到室外,到学校旁边的世界园林博览会园址参观,通过户外的学习活动体验及观察直观地感知身边的园林艺术;在教师的引导下,了解古代工匠是如何通过特定的艺术媒介表达自己对传统园林艺术的热爱的;最后在融合学生个体经验及教师讲解的基础上,自由发挥主题,进行创作表现。学生可以到园林中观赏中国传统建筑之美,欣赏不同类型园林的艺术表达方式(如借景等),最后以视觉艺术形式表达对园林的感受。

二 "综合·探索"类艺术实践情境创设案例评析

在学习的过程中,教师引导学生理解"美术与其他学科相融合可以富有创意地进行表达、创作"的观念。本课以苏州园林为依托,巧妙融汇建筑艺术、人文景观、历史典故、诗歌鉴赏、昆曲选段、哲学思辨等知识,为学生营建了良好的审美情境,让学生在美的熏陶中自然而然地感受到苏州园林的自然美、人工美与人文积淀的完美配合,课堂效果水到渠成。

学习目标:通过观察、分析、讨论的方法学习中国园林的种类、基本要素和造景手法。了解中国古典园林的特点,即"三美"。感悟中国古典园林的精神内涵。

学习重难点:重点是中国古典园林的艺术特点。难点是中国古典园林的精神内涵。

教学过程:教师进行情境导入:江苏园博园苏州馆举办了一个活动,名字叫作"五月花海,我的园林你做主",本次活动要评选出一幅"最美框景设计"作品和一名"园林推荐官",下面让我们一起报名参与这次活动吧。设计采访问题:你知道图片是哪里么?你喜欢中国园林么?你知道如何欣赏园林么?引出课题"移步换景 别有洞天——中国古典园林欣赏"。通过情境导入,激发学生兴趣,学生积极参与。此外,学生通过平板观看教师推送的采访视频。媒体作用及分析:视频的拍摄和导入能让学生更加亲切地感受园林建筑,使学生的带入性更强。

(一)新课导入

教师活动:

1.初识"明轩"。展示"明轩",给学生讲述"明轩"建造的故事。用故事来吸引学生,增强学生学习兴趣。"明轩"最终落户在纽约大都会博物馆,同时也开启了中国园林走向世界之门。

2.中国古典园林的分类:皇家园林、私家园林、寺观园林。

3.中国古典园林的基本要素:山石、水、植物、建筑。

4.中国古典园林的特点:虽由人作、宛自天开,移步换景、别有洞天。造景手法包括借景、分景、框景。

(二)新课:天人合一,如诗意境

学生活动:

1.学生认真听老师讲"明轩"的由来。

2.学生观察总结园林的分类。

3.学生总结回答出山石、水、植物、建筑。

4.学生讨论互动。西方园林对称工整,强调人工之美;中国园林则注重自由、自然,强调自然之美。

5.学生讲解借景的优势、特点;学生成为设计师,讲解分景的特点。

(三)新课探究

畅言智慧课堂的运用：

1.平板推送：可以更加清晰直观地看到场景，增强课堂学习氛围。

2.随机选人：增加学生对课堂的参与感。

3.讨论：全体学生分小组参与，学生可以把自己的看法和认识直接发到屏幕上，让学生明白任何时候自己都是课堂的主人。

4.学生"讲"，让其他学生更清晰地看、更深入地了解。

课堂练习：

1.学生了解框景后，尝试完成情境活动一——小组合作设计一幅最美框景，参加园博园苏州馆最美框景活动。(教师活动)

2.有请两名选手穿越时空，来为我们讲解两处风景。(园林推荐官活动)

3.小组合作，学生认真创作，完成练习；学生上台展示。(学生活动)

4.讨论：现场用平板进行作答，增加课堂的参与度，学生完成后拍照上传，可以更加直观地检测学生的课上学习成果。(畅言智慧课堂的运用)

教师总结：中国古典园林是几千年文明所形成的精神积淀，是文人对自然和自我的深度思考。去看看苏州园林吧，虽然游人如织，但竹影白墙依在，只要心里有，景就在。

三 "综合·探索"类艺术实践情境教学反思与发展

"综合·探索"类艺术实践情境教学中，什么样的情境才是真实的？情境的创设和文本的解读如何融合？情境创设如何贯穿课堂始终？情境创设能否促进思维的发展？怎样的情境创设才能影响高阶思维？情境的创设是否可以带领学生深度学习？什么样的学习情境是真实而富有意义的？品悟回味《义务教育艺术课程标准(2022年版)》里课程实施的教学建议里的第三点"注重感知体验，营造开放的学习情境"的相关表述，就能真正明白其中含义。创设情境，应建立美术学习、社会生活和学生经验之间的关联，符合学生认知水平。本单元"移步换景　别有洞天——中国古典园林欣赏"是探索单元，多次的课堂活动是学生的美术学习内容以及真实的创作经验。学生针对与生活息息相关的题材进行资料收集、研讨探究，不仅提高了学习的兴致和趣味，更提升了主动学习和灵活运用知识的能力，各种共通能力也得以发展。情境创设如何贯穿课堂始终？教学活动的共同探讨是在进入单元学习时就发生的，所以，教师也欣喜于在某种意义上满足了一些学生喜欢用文字表达对古典园林的喜爱的愿望。情境创设能否促进思维的发展？这一教学单元是讲古典园林的，这是本单元的人文要素，学习中的综合练习和探索本就是思维训练的过程，而情境创设起到了驱动学生主动锻炼这样的思维的作用。教学中，学生勇于探索创新的细节令教师特别惊喜，古典园林视觉笔记制作前教师只给出了一些简单的要求，并没有对图画内容进行限定，但是学生制作视觉笔记的时候加入了平面图设计和园林景观绘画，而且正好是园林内容的再现！这种创意着实让教师惊叹，所以教师一再感叹学生的创造力是无限的、让人惊喜的。

  当然，对教学实践的深度反思揭示了一些关键问题。首先，为学生活动设定的"古典园林周报"这一主题，在一定程度上限制了学生的创新思维。事实上，这仅仅是一个活动形式，不必作为创作题目，学生的创新思维受限反映了教师在前期备课阶段考虑不够全面。教师在教学中已积极采用并实施了情境创设策略，围绕特定学习主题，精心设计了学习目标，实施了任务驱动，确保了教学的指向性、情境性、实践性和综合性。在课堂上，教师融入了情境创设和评价量表，并特别设计了"演一演"的情境，这是"艺术体验"生活场景运用的典型例证，只不过现今更强调情境的真实性和意义，即美术学习情境应源自生活中美术知识技能运用的实际需求，旨在解决现实生活中的具体问题。

  其次，本堂课中教师从"古典园林明信片"到"古典园林摄影解说词"，再到创设"小小导游"选拔情境，逐步推进情境创设，通过小小导游解说落实了主题目标。就本堂课而言，教学效果是扎实的。"小小导游"情境虽较为常见，但它却与"中国古典园林欣赏"这一单元的要素高度契合，即"理解教材从哪些方面清晰描绘园林"以及"初步学习整合古典园林信息，介绍一种事物"。将情境创设在班级中切实落地，关键在于情境不仅要真实无"造假"，而且要能够促进思维发展，特别是高阶思维的参与，这样才能真正推动学习发生，实现学生的深度学习。

  最后，教师可以通过一个主题将不同科目的课堂活动串联起来，引导学生对知识进行全面深入的探究，同时充分利用各种资源，丰富学生的学习体验，突破教师和课本的局限。这正是真实且有意义的情境创设为教学和学生学习带来的最大益处。

第五章

立美美术理念下美术情境教学的评价及优化

评价是综合学生在学习过程中表现出的各种信息之后,对学生达成既定教学目标的程度作出的判断,是教学的有机组成部分,在教学课程实施体系中发挥着重要作用,具有导向、诊断、激励和改善等功能。在义务教育阶段的美术教育中,情境教学评价扮演着至关重要的角色。传统的评价方法往往偏重于考试成绩和标准化测试,无法全面衡量学生的艺术素养和创造性表达能力。如何在美术课堂中应用情境教学评价,以实现更全面、深入的学生评价呢?了解情境教学评价的原理和要素,探讨如何优化评价方法,使其更贴近学生的实际情境和个体差异,更好地了解和应用情境教学评价,能够为学生提供更具意义和价值的美术学习体验,促进其艺术创造力和审美素养的发展。

第一节 立美美术理念下美术情境教学评价的理念和要素

以知识点为核心的教学通常传递的是零散的碎片化知识,而素养导向的教学需要的是系统性知识的学习。所以教师应该开阔思路,将提升学生解决问题的能力作为教学的目标,"以用带学"地将知识与技能的掌握作为解决问题的重要环节。和以往不同,义务教育阶段美术情境教学之新,重点在评价之新。立美美术理念下的情境教学评价是撬动面向全体学生的学校美育实施与发展的杠杆。情境教学评价的全面创新与推进是立美美术全面落地的重要保障。义务教育阶段美术情境教学评价及优化是学校美育工作的重要环节,也是践行新时代美育的突破口。在立美美术指引下,真正体现出新时代立美美术的要求,学生个体才能真正实现美的发展。

随着教育理念的不断发展,传统的评价方式已经不能全面反映学生的综合能力和潜力。因此,情境教学评价作为一种基于学生实际情境,以促进学生全面发展为目标的评价方法逐渐受到关注。情境教学评价强调将学生置于真实的情境中,通过观察、记录、探究和交流等多个环节,全面了解学生在创造性、表达性、批判性思维等方面的发展水平。同时,情境教学评价还注重学生参与评价过程,提倡自我评价和同伴评价,使学生在评价中不是被动接受,而是主动参与,从而更好地认识自己的学习需求和成长空间。

以立德树人为根本任务的艺术课程,其教学评价必然指向"人",且培养对象不是个别人,而是所有人,教学目的是促进学生的全面发展。所以评价既要体现学生的个性化发展,以人为本,又要体现学生的全面发展。《义务教育艺术课程标准(2022年版)》明确提出,要"强调评价的统一要求,重视艺术学习的过程性、基础性考核与评价;尊重学生艺术学习的选择性,以学定考,根据学生的选择进行专项考核,体现教、学、评一致性"。同时建立了"核心素养—课程目标—学段目标—学习内容—学业质量"的课程设计逻辑。学业质量的确定明确了核心素养落实的基本标准,也是立德树人根本任务实现的有力保障。学校和教师要以学业质量为标准,通过多元评价,有效发挥教学评价的激励、反馈、导向、改进功能,结合自评、互评、师评等不同评价方式,使学生在学习过程中明确自己的长处与不足,进而改进学习,同时促使教师在评价中实现教学改进。

一 情境教学的评价观

传统教学中衡量教学效果的标准是升学率和考试,[①]教师常常使用考试或测验来评估学生的学习成果,而对于学生其他方面的评价,如兴趣的培养和价值观的塑造等,则经常忽视。然而,教学目标不仅仅局限在知识层面,还包括培养学生的各种行为、价值观,这些方面很难通过纸笔测试来评估。此外,每个学生都是独一无二的,以统一的标准来评价每个学生是不科学的。情境教学的评价理念强调应该充分考虑学生的差异和心理特点等因素,实施多元化、因人而异的教学评价。不同的学生在课堂表现和能力水平上都存在差异,因此需要根据个体情况采用不同的评价方式。针对不同性格和类型的学生,使用不同的评价方法;对于不同水平的学生,采用不同的评价标准。同时,在教学过程中,要时刻运用评价来激励学生学习。

情境教学的评价理念主张在课堂教学中以学生的发展为基础进行评价,评价内容要具体而全面,评价主体应多元化。评价的目的并非区分学生的好坏,而是为了促进学生的成长。因此,在教师进行评价时,应对学生的具体行为进行评估,避免泛泛而谈。同时,应该让学生参与评价过程,尤其是鼓励他们进行自我评价,以帮助学生对自身有清晰的认知。

在终结性评价中,评价的内容应多样化。教师的评价不应仅限于知识、考试和成绩排名等方面,而是要对学生进行全面的评价,充分挖掘学生的闪光点,并有针对性地促进学生个性的发展。

在作业布置和辅导方面,也应因人而异。在作业布置上,对每个学生的要求可以不同,让学生根据对自身的认知自主选择,或者教师根据学生的经验进行作业安排。同时,应允许学生以多样化的形式完成作业。在辅导方面,教师

---

① 刘世清,刘家勋.现代教学过程与传统教学过程辨析[J].电化教育研究,2000(12):29-31.

应始终坚持以促进每位学生的发展为原则,并对有需要的学生进行个别辅导,而不仅局限于那些相对落后的学生。

二 重构情境教学评价标准

(一)确定目标——以核心素养为中心

课堂教学目标既是教学的出发点,也是教学的归宿。在设定教学目标时,我们不仅要围绕知识与技能、过程与方法、情感态度和价值观这三个维度进行,更要确保这些目标的实现能够导向学科核心素养的培养。义务教育阶段美术学科的评价标准将表现性目标设定为:在教学中,既要注重美术史知识的传授,又要重视美术专业技能的训练,让学生在艺术实践中学习美术。同时,要关注学生的探究过程和情感体验,致力于发展学生的审美能力和表现能力,激发学生的创造潜能,并培养良好的美术学习习惯和正确的态度。通过这些措施,培养学生对艺术的热爱,提升学生的文化品位和审美情趣,从而全面提高学生的美术学科核心素养。与此相对应的是,在美术展示课《书林漫步》的教学中,教师引导学生探寻自己喜欢的古代书籍的演变历程,并在品读鉴赏经折装、蝴蝶装和旋风装等书籍装帧的过程中感悟中国古代书籍之美。课堂最后,学生围绕"未来书籍的发展"展开辩论,这不仅是生活情境教学的运用,也是思辨的过程,更是学生对人与自然、人与社会关系的深入思考。这一系列的教学活动都指向一个深层的目标——艺术感知、创意表现、审美判断、文化理解的美术核心素养的养成。

(二)设计教学内容——注重以生为本

高质量的情境教学在内容设计上应坚持以学生为本。这意味着课堂应更加关注学生的学情,贴近学生的生活和实际需求。同时,教学内容应围绕提升学生的学习能力和培养学科核心素养展开。课本是学习的纲要和载体,情境教学要求教师深入理解教材,结合学生的实际情况挖掘和拓展教材内容。这样,学生可以认识到所学的知识既是源于生活实践的研究总结,也是改变生活的力量之源。找准教材与学生生活的契合点,可以实现学习的最大效能。

例如,在初中美术展示课《中国古代陶瓷艺术》中,教师选择学生关注的陶瓷工艺内容进行拓展教学。教学中引入了"陶瓷超市"视频和商业巨头对未来陶艺的思考,这些素材引发了学生对未来陶瓷艺术前景和需求的热议,也触动了学生思考现在的学习和未来的陶瓷艺术之间的关系。课程内容延伸到学生的生活,由小见大,给了学生很好的启迪。

我国的基础教育正从"知识本位"时代走向"核心素养"时代。核心素养是教学的终极目标,也是教学内容的价值选择。在课堂上,学生围绕情境教学主题展开发现之旅、探究之旅,通过活动实践、小组合作、师生对话,不断走向深入学习,感悟学科的特有精神气质,构建学科的思维方式。

比如,在初中美术展示课《中国近现代绘画》的教学中,引导学生关注并反思自己的思维方式,注重"图像识读"。课堂上共有四次总结提升:第一次让学生描述"图像";第二次让学生分析"图像";第三次让学生解释"图像";第四次让学生评价"图像"。课堂结尾,教师附送一段排比句——"你可以不认识齐秦,但不能不认识齐白石;你可以不认识潘美辰,但不可以不认识潘天寿"。学生听完教师的吟诵哈哈大笑!这样的教学方式不仅让学生在轻松愉快的氛围中学习,还引导他们关注并反思自己的思维方式,培养他们的图像识读能力和审美情趣。

(三)创生教学文化——保护课堂生态

高质量课堂的"文化价值"在课堂形态中体现在以下几个方面:民主的课堂——师生间存在双向、多向的互动沟通,营造一个平等的学习环境;开放的课堂——师生共同经历体验感悟、活动实践、分析探究和自主建构的学习过程,鼓励思维的开放和多样性;和谐的课堂——在注重学生个性化发展的同时,追求学生的全面发展,实现教学相长,构建一个和谐共生的学习共同体。

通过课堂文化的创新,学生不仅能学会生存、学会关心,更能学会发展,最终实现学生内隐的精神成长和文化自觉。以美术展示课《京剧脸谱》为例,教师以自己的清唱将学生带入一个热闹且富有故事的京剧氛围中。所使用的教学器材"脸谱"不仅让学生感受到京剧的丰富性,也培养了学生的审美能力。在整个教学过程中,教师就如同京剧团的演员一般,引导学生学习京剧知识、分辨脸谱、了解京剧文化,最终师生一同呈现出一场京剧的盛宴。在这节课上,教师的动作节拍、眼神交流以及简洁的语言使得情境教学发生得十分自然。学生不仅感受到京剧的美妙,也通过京剧脸谱去理解人和世界,学会欣赏生活、热爱生活。

三 情境教学评价的要素

在立美美术理念的指引下,美术教师在课堂教学过程中会日渐认识到情境教学评价反馈的重要性。尤其是情境教学的课堂评价,作为一种形成性评价,对学生的学习过程起到了积极的推动作用。教师的情境教学评价不仅是对学生学习行为的尊重与激励,更是学生正确的学习方法与思维方式的指引,其无疑为学生的持续学习提供了明确的路径。

关于情境教学评价的要素,我们可以从以下几个方面来探讨。

(一)艺术核心素养

艺术核心素养导向的美术教学评价,是以课程素养为核心,旨在促进学生的艺术核心素养全面发展。这一导向强调,评价应围绕核心素养的内涵、课程总目标和学段目标,依据课程内容、学业要求和学业质量标准,进行全面而综合的评估。在关注学生对艺术知识与技能的掌握的同时,更要注重对其价值观、品格及关键能力的考查。

艺术核心素养主要包括审美感知、艺术表现、创意实践和文化理解四个方面。《义务教育艺术课程标准(2022年版)》对这四项素养都有明确的解释和说明,并且"学业质量描述"中的每一项内容都与这些核心素养紧密相关。这为教师提供了明确的评价依据,是进行教学评价量规设计的重要参考。

以第四学段(8~9年级)的学业质量为例,其中两条具体要求体现了对艺术核心素养的考查:一是要求学生了解并熟悉至少6件我国古代不同历史时期的美术作品;二是要求学生能够运用美术语言,从作品内容和创作背景等方面,介绍反映我国近现代重要历史事件的美术作品。这些要求不仅体现了对学生审美感知能力的培养,也展现了对其文化理解能力的重视。

(二)表现性评价

表现性评价,有时也被称为基于表现的评价或实作评价,随着新一轮课程改革的深入,逐渐在美术教育中占据重要地位。其核心在于,要求学生在真实或模拟的生活情境中,运用所学知识技能,完成特定任务或解决具体问题,以此全面考查学生的知识技能掌握程度、问题解决能力、交流合作能力、批判思维能力,以及情感、态度、价值观等多方面的综合发展。

为了深入理解表现性评价的内涵与价值,我们有必要回顾其发展历程。早在20世纪三四十年代,泰勒便提出了教育评价的概念,并强调在评价中结合生活情境,考查学生的复杂能力。然而,在20世纪60年代标准化测验盛行的时期,泰勒的评价模式受到了一定的挑战。随着20世纪80年代建构主义的兴起,人们开始反思传统标准化测验的局限性,强调在真实情境中评价学生的学习情况。

我国自2001年课程改革以来,一直重视表现性评价的引入与推广。《义务教育艺术课程标准(2022年版)》更是明确指出:"重视表现性评价。围绕学生艺术学习实践性、体验性、创造性等特点,注重观察、记录学生艺术学习、实践、创作等活动中的典型行为和态度特征,运用作品展示、技艺表演等形式,对学生艺术学习情况进行质性分析。"这一要求体现了对学生在真实情境中表现与创造能力的重视。

结合当前以概念为本的教学设计理念,表现性评价任务的最终目标是考查学生对概念性内容的理解及相关知识和关键技能的应用。因此,在设计表现性评价任务时,我们需要明确考查目标,设计出能够激发学生智力和情感、提高学习动机的任务,并制定出有效的评估标准。这些标准应涉及学生对单元内容的掌握程度、表现等级的确定以及学生的反思与自我评价能力。

当然,我们也应认识到表现性评价在实施过程中可能存在的不足,如耗时耗力、评分细则的科学性等问题。因此,我们需要进一步深入研究,不断完善表现性评价的应用策略,以更好地发挥其在美术教学评价中的作用。

《义务教育艺术课程标准(2022年版)》中的学业质量指标为我们研制表现性评价量规提供了理想的参考。以胡知凡教授设计的八年级上册"读书、爱书的情结"教学单元为例,我们可以根据课程标准学业质量要求设计具体的评价量规,以指导学生的美术学习与实践活动。

(三)教学环节评价

在美术情境教学评价中,教学环节评价占据着举足轻重的地位。它涵盖了课堂评价、作业评价及期末评价等多个方面,充分体现了课程设计思想中对于评价统一要求与过程性、基础性考核与评价的重视。值得一提的是,《义务教育艺术课程标准(2022年版)》不仅明确了教学评价环节的具体要求,更强调了形成性评价与终结性评价的有机结合,以及量化评价与质性评价相结合的多元评价方式。

形成性评价作为一种在教学过程中进行的评价,其目的在于及时了解学生的学习进展与教学行为的不足之处。通过过程中的反馈,教师能够及时调整教学策略,有效强化学生的学习活动。课堂评价和作业评价便是形成性评价的重要组成部分。终结性评价则侧重于教学过程结束后对学习成果的综合评估,通过与教学目标的对比,评定学习目标的达成度。期末评价便是终结性评价的典型代表。

在期末评价环节,《义务教育艺术课程标准(2022年版)》提倡采用档案袋评价,这种方法巧妙地融合了形成性评价与终结性评价的优势。档案袋不仅能够客观记录学生成长过程中的点滴进步,还能在一定时间段内对学生的表现进行综合评价。在创建和使用档案袋时,教师需要明确其使用目的,并根据不同目的选择相应的作品收集方法。此外,学生在档案袋评价中扮演着重要角色,他们不仅是评价的对象,更是评价的主体,能够积极参与到评价的各个环节中。

教师在重视课堂评价反馈的同时,也需留意学生的真实"问题"。这些问题或许并未在教师的预设之内,却是学生真实学习需求的体现。将这些问题转化为教学资源,不仅能够推动课堂教学的创新,更能展现师生共同学习的精彩。例如,在美术课堂上,当教师引导学生分享对秦始皇兵马俑的观察时,学生的独特发现引发了深入的讨论。教师并未直接给出答案,而是通过追问和引导,让学生在对比分析中发现秦始皇兵马俑与古希腊古罗马雕塑在风格上的差异。这种情境教学评价的运用关注了学生的可持续发展,激发了学生的学习动力,培养了他们的自主思考能力和问题解决能力。

总体而言,教学环节评价在美术情境教学评价中发挥着举足轻重的作用。它关注学生的学习过程与成果,强调评价的多元性与发展性,旨在通过科学的评价方式促进学生的全面发展。

(四)综合评价

在义务教育阶段的美术情境教学研究中,期末的综合评价扮演着至关重要的角色。这一环节不仅是对学生学业成绩进行评定,更是对学生整个学期以来在美术学习中的综合表现进行全面、细致的评价。在这一过程中,教师为学生撰写的综合评语尤为重要,它不仅是学生学习成果的反馈,更是教师与学生家长之间沟通的桥梁。

综合评语的撰写,需要教师具备敏锐的观察力和深入的思考力。评语应全面覆盖学生一个学期以来的学习表现,包括学生在美术课堂上的参与度、作业完成情况、创新能力、合作精神等多个方面。同时,评语还应深入剖析学生在学习过程中遇到的问题与不足,以便学生能够明确自己的发展方向,调整学习策略。

在撰写评语时,教师应充分发挥评语的激励作用。通过认可学生的努力、欣赏学生的进步,可以让学生感受到来自教师的关心与支持,从而激发他们继续前进的动力。评语还可以帮助学生建立自信心,增强自我认同感,使他们在美术学习中更加自信、更加坚定。

当然,评语也需要尽量彰显学生的个性。每个学生都是独一无二的个体,他们在美术学习中展现出的特点和风格也各不相同。因此,教师在撰写评语时,应关注学生的个性特点,发掘他们在美术学习中的闪光点,让评语更具针对性和个性化。

此外,综合评语还是教师与家长沟通的重要手段之一。通过评语,教师可以向家长传递学生在美术学习中的表现与成长,让家长更加了解孩子的学习状况,从而更好地支持孩子的成长。同时,家长也可以通过评语了解教师的教学风格与教育理念,增强对教师的信任与尊重。

综上所述,期末的综合评价在美术情境教学中具有举足轻重的地位。通过全面、细致的评价和个性化的评语撰写,教师可以更好地促进学生的学习发展,增强学生的学习动力,同时也为家长提供一个了解孩子学习状况的窗口。因此,在未来的美术情境教学中,教师应更加重视综合评价的作用,不断提升评价的科学性和有效性。

(五)命题考试评价

《关于全面加强和改进新时代学校美育工作的意见》中对"推进评价改革"作出了明确表示:"把中小学生学习音乐、美术、书法等艺术类课程以及参与学校组织的艺术实践活动情况纳入学业要求,探索将艺术类科目纳入初、高中学业水平考试范围。全面实施中小学生艺术素质测评,将测评结果纳入初、高中学生综合素质评价。探索将艺术类科目纳入中考改革试点,纳入高中阶段学校考试招生录取计分科目,依据课程标准确定考试内容,利用现代技术手段促进客观公正评价。"

在义务教育阶段美术情境教学研究中,学业水平考试是检验学生学习成果、落实相关政策文件的重要手段。根据《义务教育艺术课程标准(2022年版)》的明确指示,省级教育行政部门肩负着落实艺术考试制度的主要责任。这一举措不仅体现了评价的统一性,更在细节上确保了考试的公正与规范。

《义务教育艺术课程标准(2022年版)》对学业水平考试的组织与形式以及命题要求作出了详尽的规定。在命题要求方面,对命题原则、命题流程、题目命制、评分标准等各个环节进行了细致入微的阐述。这样的规定不仅确保了考试的严谨性,也为命题人员提供了明确的操作指南。

考题的命制原则上要充分符合核心素养本位的评价要求,注重考查学生的美术基础知识、基本技能以及审美素养。同时,通过"形式多样,综合考查"的方式,满足学生美术学习的选择性,使考试内容更加贴近学生的实际需求。这种命题方式不仅有利于激发学生的学习兴趣,还能有效检验学生的真实水平。

此外,《义务教育艺术课程标准(2022年版)》还强调了"以学定考,根据学生的选择进行专项考核"的评价设计理念。这一理念的提出,使得考试更加关注学生的个体差异和学习特点,体现了面向全体和兼顾个性化的教学评价思想。

综上所述,义务教育阶段美术情境教学评价在义务教育阶段美术情境教学研究中占据着举足轻重的地位。通过严格的命题要求和科学的评价理念,教师可以更加全面、客观地评价学生的美术学习成果,为他们的未来发展奠定坚实的基础。

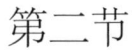

第二节 立美美术理念下美术情境教学评价的工具与方法

义务教育阶段美术情境教学中,评价作为一个至关重要的环节,其重要性不言而喻。评价不仅能够让教师深入了解学生在学习过程中的具体表现,还能够为教师提供有针对性的反馈和指导,进而优化教学策略,提升教学效果。为实现这一目标,教师需要借助一系列精心设计的评价工具和方法。

一、情境教学评价的工具

评价工具的选择至关重要,它们应该具备科学性、客观性和可操作性。在美术情境教学中,常用的评价工具包括观察记录表、作品评分表和学生自评表等。观察记录表可以帮助教师实时记录学生在情境教学活动中的表现,包括他们的参与度、合作精神和创新思维等方面;作品评分表则侧重于对学生完成的作品进行量化评分,从多个维度评价学生的美术技能和创作水平;学生自评表则鼓励学生对自己的学习过程和成果进行反思和评价,培养他们的自我认知和自我提升能力。

当然,这些评价工具的运用需要与评价观念紧密相连。在美术情境教学中,教师倡导以学生为中心的评价观念,注重学生的个体差异和全面发展。因此,在评价过程中,教师应充分尊重学生的创作成果,关注他们的学习过程,及时发现并肯定他们的进步和闪光点。同时,教师还应根据评价结果为学生提供具体的指导和建议,帮助他们找到改进的方向和方法。通过运用恰当的评价工具和方法,结合科学的评价观念,教师可以有效地评价美术情境教学活动,促进学生的学习和发展。

二　情境教学评价的方法

观察记录是一种直接观察学生行为并记录下来的方法。教师可以通过观察学生在情境教学活动中的参与度、合作能力、问题解决能力等方面的表现,来评价他们的学习进展和掌握程度。

问卷调查是一种收集学生意见和反馈的方法。教师可以设计相关问题,让学生回答,并根据他们的回答来评估情境教学活动的效果和学生的学习体验。

自我评价是让学生对自己的学习进行反思和评估的方法。教师可以引导学生思考他们在情境教学中所取得的成就、遇到的困难和需要改进的地方,并鼓励他们制订下一步的学习目标。

同伴评价是让学生互相评价和给出建议的方法。教师可以组织学生进行小组合作,让他们观察、评价和反馈彼此在情境教学中的表现,从而促进学生之间的互动和学习。

通过使用这些工具和方法,教师可以更全面地了解学生在情境教学活动中的学习状况,并及时调整教学策略,以提高教学效果。

三　案例展示

中共中央、国务院印发的《深化新时代教育评价改革总体方案》中,提出树立德智体美劳全面发展的育人观,继续改革推进教育评价,改进美育教学,提高学生审美和人文素养。人文素养的提高离不开人文教育,人文教育的核心内涵是人文精神,其实质是人性教育。在中小学美术教学中,不仅要对具有典范性和体现技术卓越性的艺术作品进行审美感知,更要在广泛的文化情境中学习美术,跨学科吸取精神养分,启迪智慧,提高人文素养。接下来,以人教版《美术》八年级上册第一单元第2课《色彩的感染力》为例,详细介绍评价工具的运用。

课堂是研究的根本,要想从中小学美术"欣赏·评述"领域去研究课堂学习评价,首先要领会《义务教育艺术课程标准(2022年版)》的精神,合理制订教学目标,从不同课型的教学目标、内容及评价形式和评价标准进行探究,然后再去研究教材教法,预设课堂教学发生的变化,用灵活多样的教学方法去激发学生的学习兴趣,并根据教学效果进行反思。教师在上《色彩的感染力》一课时,结合《义务教育艺术课程标准(2022年版)》深度解读教材,把课堂学习评价贯穿于课前、课中和课后全过程,选择中国典型青绿山水画《千里江山图》让学生赏析,结合教学设计研制相关的评价量表,绘制评价路线图谱。以此作为学习切点,深度剖析色彩语言。课堂学习过程主要从"初识千里江山—细品千里江山—感悟千里江山"三个学习梯度层层推进,诠释不同风格流派对色彩感染力的影响。

(一)制定课堂学习评价标准

当前美术"欣赏·评述"领域课堂学习评价的短板在于过程性评价缺失,而要补上这一评价短板,关键在于制定个性化学习活动评价标准。评价标准的制定具有多维性和多级性,须适应不同个性和能力学生的美术学习状况,因此评价标准必须可测量、可操作,并有相应的指标要求。评价量规是对学生学业绩效,包括学习过程中的行为、认知、态度和各种学习结果(如作品、口头陈述、调研报告、论文等)进行评价的一套等级标准体系,强调定量评价与定性评价相结合。评价量规的存在能使学习进程具体化、可视化,并且有效降低评价的主观随意性。评价量规制作的核心步骤是界定学生关键性的学习表现和相应的等级。为此,教师根据具体学情结合课堂欣赏评述活动,采用课堂观察评价表观察和记录学生在活动中的表现。(表5-1)

表5-1 课堂观察评价表

课堂活动	评价方式	评价标准	评价等第	
初识千里江山	学生自评小组评价或教师评价	1.能够准确分辨画面上的色彩种类,并能从矿物颜料制作工艺的知识背景挖掘到作品蕴含的社会特征。	优秀	
		2.能够分辨出画面上的色彩,熟悉矿物颜料的制作工艺与流程。	良好	
		3.能够注意到画面上的色彩,了解矿物颜料的制作工艺。	合格	
细品千里江山	学生自评小组评价或教师评价	1.了解中国山水画"三远"构图形式,能结合构图综合分析画面中的色彩语言运用,并能够运用批判性思维来评析作品,有独到的观点。	优秀	
		2.熟悉《千里江山图》的用色特点,知道评价作品色彩语言的一般方法,并能够对观点进行简要评析。	良好	
		3.基本熟悉《千里江山图》的用色特点,知道其为何被誉为青绿山水的巅峰之作。	合格	

续表

课堂活动	评价方式	评价标准	评价等第
感悟 千里江山	学生自评 小组评价 或教师评价	1.能准确判断不同作品运用不同色彩的形式,理解色彩运用在作品主题传达中所起的重要作用。	优秀
		2.能分辨出不同作品中运用不同色彩的特点,了解色彩运用在作品主题传达中所起的重要作用。	良好
		3.能知道不同作品中运用不同色彩的形式,知道画家在作品中运用不同的色彩的原因。	合格

备注:表格采用"等第"的方式评分,便于教师在区间范围内凭第一直觉给出相对科学的评价。

(二)研制课堂学习评价工具

美国著名学者格郎兰德提出了"评价=测量(量的记述)或非测量(质的记述)+价值判断"这一公式。依照此评价公式,结合《色彩的感染力》一课的课程性质,教师研制了以下评价工具。

1.基于美术学科核心素养的课堂学习评价量表

教师基于核心素养,以人文教育为价值取向,分析实际的教学内容和评价对象,研制出课堂学习评价工具,借助信息技术使用相应的评价技术,收集学生反映在课堂教学过程中的事实信息,进而分析教学过程及其效果,借助评价工具对教学效果作出合理的价值判断。(表5-2)

表5-2 课堂学习评价量表

评价内容	等第及分值				评价指标
	优秀	良好	合格	待努力	
1.是否能够理解作品中的涵义及其表达的观念、态度与情感。 2.是否学会从色彩语言运用的角度去感受理解作品。	20~17	17~15	15~12	12以下	图像识读

续表

评价内容	等第及分值				评价指标
	优秀	良好	合格	待努力	
1.是否能将作品放置在一定的文化情境中加以感知与理解。 2.是否能够理解美术作品与文化的关系。	20~17	17~15	15~12	12以下	文化理解
1.是否积极参与课堂的欣赏评述活动。 2.是否能够运用美术知识对作品作出正确的价值判断。	20~17	17~15	15~12	12以下	审美判断
1.是否能理解画家的创新实践精神。 2.是否能用批判性思维来思考创意过程。	20~17	17~15	15~12	12以下	创意实践
1.是否能够运用跨学科的知识来进行欣赏评述活动。 2.是否能将学习中获得的美术创作方法迁移到自己的美术创作中去。	20~17	17~15	15~12	12以下	美术表现

备注：表格采用"百分制"的方式进行量化评分，帮助教师在区间范围内凭第一直觉给出相对科学的分数；结合课标要求，表格评价内容的描述有助于教师迅速找到可以比照的评价点，从而作出优劣分析和相应评价；美术五大核心素养同等重要缺一不可，分别设置了20分的分值。

2.基于学习行为的课堂教学过程记录表

美术课堂学习评价的目的是促进学生全面发展，改进教育教学行为。设计课堂教学过程记录表可实时记录学生的学习行为、兴趣、态度和习惯等。记录的方式以计数的方式为主，"正"字计数法或者阿拉伯数字累计法均可。同时，还可以运用信息技术手段、手机APP软件或班级授课助手管理学生的学习表现。课程教学内容与教学方法的转变和有效执行，关键看评价是否有效。本课观察学生进行课堂学习过程的表现，如是否大胆陈述赏析观点，这种创造性的欣赏评述活动对记录学生的成长是有帮助和说服力的。(表5-3)

表5-3　课堂教学过程记录表

座号	姓名	性别	学习兴趣	学习参与度	学习习惯

3.基于懂你教育平台的辅助评价工具

随着教育信息化2.0时代的到来，以教育大数据建设为驱动，信息技术与教育教学应用融合的终结性评价模式逐渐普及。教师可以将自己构建的评价技术作为获取学生学习信息的手段。对比传统的美术学习评价策略，这是一种跨时间的逐渐积累的评价，需要收集一些定性的信息，来反映学生的学习过程和结果，包括在不同时段内，每个人的自我判断、变化，利用这些隐性的知识比较学生过去的表现和现在的成果。为了能对学生的欣赏评述能力进行有效且全面的评价，教师与备课组老师率先实践，依托与学校合作的懂你教育平台，开发评价工具，用科技赋能教育，让数据服务于教学。对任教年级部分学生进行期末学业诊断抽测，通过平台高效阅卷，利用测试数据进行适当分析研究，帮助教师提高教学的精准性，同时帮助学生分析自己的个性化特征，从而采取个性化的学习方案，提高学习效率。(表5-4)

表5-4　美术学业诊断小题均分分布表(以八年级为例)

题号	答案	人数	最高分	最低分	平均分
1	C	47	4	0	2.47
2	D	47	4	0	3.83
3	B	47	4	0	2.89
4	A	47	4	4	4
5	C	47	4	0	3.57
6	D	47	4	0	2.21
7	C	47	4	0	3.57
8	D	47	4	0	3.66
9	B	47	4	0	3.91
10	A	47	4	0	3.4
欣赏评述题		47	20	8	15.79
创作实践题		47	20	28	34.89

(三)评价工具的课堂使用情况描述

义务教育阶段美术"欣赏·评述"领域的课堂学习评价,注重视觉解读、表达、思考与交流能力的养成。优化课堂学习评价是推动育人方式变革、深化课程改革的必然要求。教师根据学期教学计划进行授课时,在课堂学习环节中尝试使用评价工具和量规,并用手机钉钉直播的方式进行存储,借此记录学生的课堂学习表现。(表5-5)

表5-5　不同评价工具使用情况表

评价工具	评价维度	使用方式	场景再现
基于美术学科核心素养的课堂学习评价量表	图像识读	师生互动	授课伊始,观察《千里江山图》提出问题:画面除了墨色以外,还发现了哪些颜色?古代的颜料从何而来?画家为何能用这些颜料? 了解完画家的作画背景后,带着问题观看《千里江山图》的电子展览,观察并思考画家是如何展现祖国江山场景之大和绘画技艺之高的?
	文化理解	小组讨论	在"细品千里江山"环节,通过小组讨论的方式,探讨在宋朝文化的大背景下,画家王希孟创作《千里江山图》的意图。
	审美判断	课堂观察	在观看电子展览环节,授课教师观察学生的表情及语言,了解他们观赏名作的审美态度。 在小组交流讨论环节,授课教师倾听并观察学生交流的语言、观点及价值判断。
	创意实践	自主探究	在评价环节,学生自主思考"如果《千里江山图》失去了色彩,你还觉得它会是千古佳作吗?"。授课教师引导学生进行批判性思考,激发思维活力。
	美术表现	师生互动	在观看矿物颜料制作方法微课的环节,引导学生建构化学与美术知识的融合意识;在结合时代背景认识作品环节,迁移学生已有的历史知识,检验学生跨学科综合学习的能力。

续表

评价工具	评价维度	使用方式	场景再现
基于学习行为的课堂教学过程记录表	学习兴趣	课堂观察	学生甲在上课铃声响后迅速做好了美术课前准备工作,坐姿端正,予以加1分奖励。 学生乙在听课过程中与同桌交流与课堂无关的内容,予以扣1分记录。
	学习参与度		在师生互动以及小组讨论环节,学生丙能够积极举手发言,准确地运用美术语言来表述观点,予以加2分奖励。 在师生互动以及小组讨论环节,学生丁被点名发言,能够大胆地陈述观点,予以加1分奖励。
	学习习惯		学生卯在教师授课和同学陈述环节,能做到认真聆听,做好美术笔记,同时能及时提醒周围同学认真学习,予以加1分奖励。
基于懂你教育平台的辅助评价工具	综合诊断	纸笔测试智慧阅卷	使用基于懂你教育平台的辅助评价工具,于期末进行学业诊断,每班级随机抽测5位学生,进行纸笔闭卷测试,把答案填写在答题卡上。在答题卡上粘贴考生个人条形码,机器迅速扫描答题卡,把数据传输到懂你教育提分宝平台供教师阅卷评判。

从以上表格呈现出来的课堂学习过程分析,可知本课教学评价了解中小学美术课程标准的能力要求,吸取已有美术学业水平评价经验,立足学情构建义务教育阶段不同年级美术能力测评框架。本课教学评价过程中关注学生的能力和素养形成,目的是更好地了解课程实施的效果和学生的实际学习情况,促进教学评的统一。也便于教师针对评价结果,进行教学反思,适当对课堂学习评价进行二次设计与实施。(表5-6)

表5-6 课堂学习评价表

评价项目	评价标准	等级(权重)(评价为1~5分)		
		自评	组评	师评
能力目标	知道色彩在艺术作品主题传达中的作用。			
	了解"写实性色彩"及"表现性色彩"的特征。			
	能够利用"费尔德曼"四步鉴赏法对《千里江山图》进行欣赏评述。			
	能够对某幅色彩作品提出自己的看法与观点。			

续表

评价项目	评价标准	等级(权重)(评价为1~5分)		
		自评	组评	师评
素养目标	通过对中国传统青绿山水的学习,能够了解中华民族优秀传统文化,坚定文化自信。			
	感受东西方色彩表现的异同,形成尊重世界多元文化的态度。			
	能与同学一起探讨交流,辩证性地提出自己的观点与看法。			
课堂反馈(建议、收获)				

在《色彩的感染力》一课的导入环节,教师努力营造和谐的精神氛围,让学生体会《千里江山图》的宏大场景,接受广博的文化知识熏陶和滋养。教学过程中多次运用对比和总结的方法加深对教学难点的理解,帮助学生进行知识的应用与迁移。单就本节课而言,评价工具的使用反馈良好,接下来可以形成大单元教学,减少单一课时的记录频率,从而形成更为完整的"欣赏·评述"单元评价体系。就期末学业诊断的"欣赏·评述"题目而言,挑选学生平时课堂上学习过的美术作品,鼓励以此知识基础继续观察、感受、思考,联系生活实践阐述新观点,在巩固知识的同时拓展知识视野,考查学生解释、评价美术作品的能力。

期末诊断工具以人教版八年级上册美术教材为依据,命制"欣赏·评述"题目:请观察下图宋代画家王希孟的青绿山水画作品《千里江山图》(局部),简要描述这幅作品的艺术特点(请从画面内容、色彩、沟通和主题等方面分析)。该题满分20分,懂你教育平台的大数据分析结果为本题年级平均分15.79分,优良率80%。大部分学生都能通过对作品的再识读,从不同角度重新归纳、运用所学知识,并在描述与分析中加入自己的见解,对理论与思维的拓展性有所助益,体现了深度学习理念下欣赏评述素养培育的落地。例如,学生甲评述:《千里江山图》画出山叠山水连水的景象,村落和树木的细节刻画给人一种强烈的空间感——由近到远仿佛根本没有尽头。从上到下对山的色彩的运用更为绝佳——青色渐变至绿色有深有浅给人前后的反差感。宋朝的万里江山一望无际尽显雄伟,线条刚劲有力,不管是山的高耸还是河流的悠长都是对宋朝的绿水青山和民生的肯定,表达了画家对祖国前途无限的期盼和美好祝愿。学生乙评述:《千里江山图》以青、绿二色描绘大宋江山千里的风景,画面中有山水更有许多的风土人情,山间村落,水中架桥,这些细微的事物与山之庞大形成鲜明对比,写尽了大宋江山的奇丽与壮美。以青、绿为此画的主体色充分体现了山之高、景之美。构图富有层次感,近山大能看清山中的村落;远山小只见一片山水茫茫。本画主题与其名相同,描绘大宋的千里江山,体现其疆域之辽阔,经济之强盛。

(四)评价工具的课堂使用结果反思

1.受课堂时间所限,难以记录全面

每节课的时长为40分钟,而教师使用评价工具需要在课堂上不停地观察与记录,必然会消耗掉知识讲授的时间。如果要保证知识、讲授的完整性,则会出现无法及时记录的情况。

2.教师任教班级众多,评价数据整理困难

教师平均任教14个班级,每节课以后至少需要整理14份评价量化表格,由此可见每学期的评价量化表格数量之庞大,这对于评价数据整理来说无疑是一项挑战。

3.懂你提分宝版本较低,绘画题评价不够方便

诊断工具如果使用纸笔测试,题型有选择题、简答题、论述题和创作实践题。但目前懂你提分宝版本较低,未能及时升级,导致在扫描试卷答题卡时,创作实践题扫描出来的图像全部失真,学生的绘画作品成为黑白两色。因而不得不人工在答题卡上先批改创作实践题,将分数直接打在答题卡上,然后再用机器扫描答题卡存储试卷数据。之后改卷老师还要把答题卡上已经人工改卷的创作实践题分数在阅卷系统上重新输入一遍,再由平台汇总不同题型的分数得出学生的总分,后台根据学生的答题分数进行数据分析、评断,得出个性化的数据分析报告。

在美术学科核心素养的指引下,美术情境教学的课堂学习评价,正逐渐展现出独特的价值。目前,通过师生互动、生生互动生成的记录显示,教师仍处于实践探索的初级阶段。然而,这一评价模式的潜力和前景令人期待。热切盼望

更多的研究力量能够投入课堂学习评价的过程中,以更深入地挖掘其内在机制,充分发挥其激发学生审美探索与求知积极性的作用。通过这样的评价工具和方法的运用,我们希望能够进一步调动学生的学习主动性,培养他们的自觉学习行为,从而真正推动课堂教育教学改革,提升教学质量。未来,随着研究的深入和实践的积累,美术情境教学评价将更好地服务于学生的全面发展,为美术教育的繁荣与进步贡献力量。

第三节 立美美术理念下美术情境教学评价的实施及优化

美术情境教学评价主要是为了促进学生的发展。因此,评价要体现多维性和多级性,适应不同个性和能力的学生的美术学习状况。其强调要加强形成性评价和自我评价,注重美术情境教学学习的表现性评价,鼓励采用学生自评、学生互评、教师评价及座谈等方式对学习进行评价,鼓励运用质性评价的方法。情境教学活动是一种以真实情境为背景,通过模拟、探究和解决问题等方式来促进学生学习的教学方法。在情境教学中,评价是不可或缺的环节,其可以衡量学生在真实情境中的表现和学习成果,为教师提供有效的反馈和指导。

一、美术情境教学评价的实施

(一)确定评价标准

课堂学习评价具有复杂性、内隐性等特点,无法直接考查,需要通过一些特定的行为表现去间接推论。评价在教育教学中指的是根据一定的教育价值观或教育目标,运用科学手段,系统地收集和分析信息,对教育的过程和结果进行价值判断的活动。教师可依据一定的测验理论,以期末学业诊断为契机,科学地开发信度与效度俱佳的评价工具,观察学生在完成具体评价项目上的反应,借助人工智能、大数据分析等现代教学技术,开展面向学生德智体美劳全要素横向评价和学习情况全过程纵向评价。

(二)研发评价工具

学业评价目标应围绕课程目标展开,加快教学目标实效性实现,对学生学习成果进行评价,切合实际地凸显课程目标,描绘学生知识和技能的掌握情况。[①]在教育信息化2.0时代背景下,科技开始为教育注入新的活力,以教育大数据的建设为核心驱动力,推动信息技术与教育教学应用更深层次地融合,终结性评价模式因此日益普及。开展美术学业诊断是在"双减"背景下、学科大单元教学结束之后,以评估学生对美术知识的积累与应用为目的,通过评价工具收集学生在美术教学影响下,一个阶段或一个学期以来认知行为的变化信息和证据,用大数据分析对学生掌握的美术知识与技能进行价值判断。教师看到美术期末考试传统评价方式的弊端,依据美术教学目标研发评价工具,采用试卷命制纸笔测试的方式进行考查,综合检验不同学段学生经过大单元教学之后的图像识读、美术表现和文化理解等方面的学科核心素养情况,以及师生的教育教学情况。

(三)收集评价数据

利用评价工具,采用线上加线下阅卷的方式,选择题和欣赏评述题线上阅卷,创作题因无法扫描彩色作品而采用线下阅卷。借助信息技术平台高效阅卷,人机协同阅卷使用评价量规进行快速、有效的评估,把评价工具扫描、规整、分析、评价、统计、反馈等烦琐工作交由机器处理。改变传统的阅卷方式不仅减少核算分数工作量,还能快速、精准、清晰地反馈数据,对试题题型、区分度、满分率、出错率等常态数据自动进行细致的检验与分析,呈现美术教学箱体图、小题分析图、客观题选项分布图、试题难度分布图、四率分布图等图表,通过A、B、C三个等级,与学生作答题目的优劣逐一对比,系统后台提供测验、数据、图表分析,用数据精准分析学生的学情或学习理解结果,快速呈现答题错误率、平均分等数据,帮助教师掌握每个班级和每个学生的个性化特征,评估学生知识掌握情况,提供学生学习状态、学科认知和教学问题方面的信息与指导,从而帮助教师采取分层次教学,提高教学的针对性、精准性和学习的高效性,为教师及时调整教学策略提供更精准的指导,从而实现用课堂学习评价促进教学效果的转换。

[①] 闫飘飘.物理学生学业质量评价框架构建与评价工具开发[J].高考,2021(26):115-116.

(四)分析解读评价结果

信息技术与学科的深度融合是教学改革的加速器,借助人工智能、大数据分析等信息技术手段,推动课堂教学评价改革与创新。评价要做三件事:第一,学习过程材料的收集、存储和记录;第二,学习结果的及时评价、汇总和反馈;第三,学习效果、学生学情数据的分析、挖掘和诊断。在线下课堂教学中对学生学习过程中的表现进行价值判断,观察每个学生知识与技能以及情感态度价值观发生的变化。用信息技术手段来支撑课堂教学评价的开展,其核心技术主要包括资料推送与上传、数据处理与分析、在线交流与反馈等。只有将学生学习过程迁移到线上,采集上传评价工具数据到综合系统平台,如美术作品图片、欣赏评述口试视频、试卷等材料,才能辅助教师综合开展线上评价活动。美术课堂线下和线上相结合,教学方法的转变和教学策略是否有效的关键在于学习评价,它能促进学生全面发展,改进教师的教学行为。

巩固性。评价工具的研发以巩固学期美术知识为主,半数以上的题目为简单题目,且多数题目区分度在0.3~0.4之间,能够有效区分不同水平学生对知识的掌握程度。题目均以大单元教学进行划分,以各单元重点内容为依据,结合实际生活及课堂内容命制,是具有明确监测点的题目。质性与量化评价所形成的指导性意见,对改进美术教学行为具有较强的针对性与引领性。[1]例如,评价工具以人教版九年级上册美术教材单元教学为依据命制,从平台的数据统计可知,选择题第1题、第3题、第4题学生得分率较高,反映出学生对于国画的内涵表达和民间美术的寓意与功能的知识点掌握比较好。选择题第6题、第7题、第10题学生得分率较低,反映出学生对于苏州古典园林、陶瓷器以及石窟彩塑的知识点的掌握还需加强。尤其第10题,近一半的学生选择B选项,反映出学生对于石窟彩塑的形式特点不够熟悉。再次分析第10题,发现检测工具的题干命制不够严谨,图片的选择指向性不明确,石窟彩塑和庙堂彩塑的图片样式太接近,容易误导学生的图像识读,这也是造成该题失分率较高的原因之一。从检测结果来看,借助评价工具进行学业诊断起到了回顾知识的作用,能够帮助学生查漏补缺,以巩固重点美术知识及技能,培养学生图像识读与美术表现等基本美术核心素养。

---

[1] 张曦,曹建林.小学美术"欣赏·评述"课评价工具开发与运用探析[J].上海教育科研,2016(8):70-72.

拓展性。依据《义务教育美术课程标准(2011年版)》中对学生创造力培养的叙述,作业设计应满足培养学生独立思考、表达、操作实践能力的要求,鼓励学生能将课堂原有知识点进行迁移,学会运用美术思维和方法解决实际美术问题。因此,评价工具可加入"欣赏·评述"题目,选取课程中有所涉猎的美术作品,借助评价工具让学生进行观察、感受、思考,通过对美术作品的赏析与自身感受去联系生活实际,产生新观点的碰撞,在巩固知识的基础上开阔视野,以此考查学生解释、评价美术作品的鉴赏能力。

提高性。评价工具作为整合型的多样化工具,能有效推动单元整体性教学,及时帮助师生进行单元学习的综合评价,帮助教师随时调整与改进教学。为更好地巩固所学知识,检测学生对于知识运用和迁移的综合能力,评价工具还设置主观创作题目,旨在让学生对美术知识进行"为我所学"到"为我所用"的转化,结合题目与自身个性选取合适的美术工具,完成有难度、有创意、有美感的美术作品,考查学生美术表现与创意实践的学科核心素养。质量评价包括质性评价和量化评价两大方面。量化评价的好处在于可以将评价建立在依托评价工具获取有效数据的科学分析基础上,其做法可以克服主要依靠传统评价经验和教学观察大致估判美术教学优劣的评价问题。评价工具的主观创作题能够更好地启发学生的发散思维,挖掘学生的创造潜能。例如,在不同年级评价工具分别以"创意字的变化""平行透视""民间美术的纹样"为切入点,给学生一些图片或文字辅助参考,引导学生发散思维,综合运用美术"造型·表现"与"设计·应用"知识,进行美术表现,考查学生在创意理念下的美术表现能力。该类型题目能够紧密贴合教材,给予学生较大的延展空间,让学生在实践中提升自身对于知识的理解,体现学业诊断的价值。

二 美术情境教学评价的优化

(一)优化情境教学课堂设计

第一,教学情境要紧贴教学目标。教学目标的设定,是教师依据教材内容,在确保与教学内容相符的前提下,进一步考虑学生的实际学习能力,从而确立的一种教学标准。在整个美术课堂的行动研究中,教师在创设教学情境时,若过分追求情境的形式而忽略了情境中蕴含的教学内容,那么这样的课堂将无法实现预期的教学目标。因此,创设情境一定要结合教学目标,不可脱离主题。

第二,对于素材的选择应持慎重态度。在传统美术教学中,教师往往未充分考虑素材的时效性和学生个体间的差异,从而使得教学成效缺乏稳定性。教师应当在确立教学目标并熟知教学内容的前提下,持续积累情境素材。这些素材需根据学生的不同年龄层次及个人偏好进行持续的更新与调整。教师欲施教有方,必先洞察学生心之所向,方可指引其正确前行。如在教授人教版《美术》九年级下册第三单元"动漫艺术"第1课《形式和内容丰富的动漫》一课时,教师考虑到青春期阶段学生的年龄以及喜好,选择功夫熊猫素材创设出适合学生而且吸引学生的教学情境。

第三,创设的情境需符合学生认知水平。信息处理的认知水平,涵盖专注、判断及思维等能力,人类自幼年起即逐步发展,渐次构建起个人的认知框架。教师需根据学生已掌握的知识进行情境创设。若创设的情境超出学生认知,学生将无法理解该情境,不仅不利于掌握应学知识反而会添加学习负担;若创设的情境过于简单,同样起不到相应的教学效果。如教师在教授《唱脸谱》一课时,首先要知道处于青春期阶段的学生,他们的思维比较活跃、灵敏性强,只是缺少对知识系统的总结,创设问题情境能帮助学生建立总体知识框架,从而掌握系统的知识。因此,创设的情境只有符合学生的认知水平才能达到良好的教学效果。

(二)健全评价机制,提升美育素养

近年来,随着社会对素质教育的重视和人们对美育的认识不断深化,评价机制的健全成为一个重要的议题。正确的评价能够激励学生的学习动力,引导他们拥有积极向上的生活态度,同时也能为教师提供有益的反馈信息。《关于全面加强和改进新时代学校美育工作的意见》中提出了全面实施中小学艺术素质测评的要求,将测试结果纳入学生综合素质评价,并要求对美育进行督导评价。在这个过程中,以下几点需要特别关注。

第一,美术课程评价应结合国家相关文件并紧紧围绕课程内容和目标要求进行。有针对性地对美术课中的美育内容和美育目标进行评价,体现评价的科学合理性。评价应该基于对学生学习情况和成果的全面了解,避免仅凭一次考试或作品评选而得出片面的评价结果。

第二,在实践活动中进行美育评价,评价学生的美育意识的养成要重视学生思想、行为上的变化,将学生在美育活动中的情感变化过程与最终结果相结合,及时对学生的思想、行为进行正确的引导,促使其朝着积极的方向发展。这需要教师具备对学生心理变化的观察和分析能力,以及对学生个体差异的充分理解。比如"纹样设计"这个主题,花窗纹样被称为园林之眼,基于此,我们可以创设怎么样的情境呢?教学情境一:在厦门鼓浪屿的菽庄花园边竖立着一扇大大的花窗,观察花窗的纹样形式,说说你从花窗中捕捉到了什么?教学情境二:法国野兽派画家马蒂斯坐在教室看向花窗,这一次他会看到怎样的风景?请你和马蒂斯一起将风景描绘下来。创设这样的情境,让学生用所学的知识、方法、思维来解决当下的问题,正是基于纹样设计主题下的深度学习。以这样的一种逻辑关系在实践活动中来落实评价,体现出在课堂教学过程当中进行美育评价的价值和意义。

第三,评价主体应多元化,家校结合,多方位了解学生学习状态及变化,参考同龄人的互相评价。评价不仅仅是教师的事情,家长和学生也需要参与其中。通过与家长和学生的交流,可以全面了解学生的学习情况和成长进步,并提供更具针对性的评价意见。在这个评价过程当中,就义务教育阶段的美术来说,更强调实践性评价的意义的获得。但怎么才能实现这样的综合性的评价呢?可以使用主题游园式、情景教学模拟式、表演展示式、游戏体验式及媒介辅助式等活化了的评价形式,以此真正展现评价是在情境当中去落实、去成就学生所学的。

第四,完善美育评价体系,把培养学生审美素养、提升审美能力纳入美术课程评价体系中。这有助于推进美育教育的开展,促进学生自我评价意识和能力的培养和提高,增强学生的自我认知能力,引导学生全面发展。在评价过程中,应注重对学生的创新能力、表现能力以及对艺术作品的理解和欣赏能力等方面进行综合评价,而不仅仅局限于作品的表现形式和技巧。

综上所述,健全评价机制是提升学生美育素养的必然要求。通过科学合理的评价方式和内容,可以更好地引导学生发展良好的审美观念和创造力,培养他们在实践中感知美、理解美、创造美的能力。只有这样,才能真正实现美育教育的目标,并为学生的综合素质提升奠定坚实的基础。

三　情境教学法在"设计·应用"课堂中的评价方法

根据教育目标的要求,教学评价按一定的规则对教学效果作出描述和确定,这是教学各环节中必不可少的一环,目的是检查和促进教与学。教师在课堂教学中组织学生进行互评,提升学生的主体意识和参与意识,激发学生学习兴趣,提升学生的自信心。

(一)加强参与度评价,弱化结果评价

在以往的教学活动中,学校与教师大多只重视最终结果,甚至仅凭一次作业或者一次考试的优劣就来评判学生的好坏,忽视了学生在整个学习过程中的表现。这样会造成学生在学习过程中的情绪低落,导致学生对学习缺乏积极性,甚至消极怠慢。对教师而言,会不利于发现教学过程中细节上存在的问题,从而影响教学效果。要避免上述问题,教师应当采取多次评价、动态评价的形式对学生进行客观、真实的评价。例如,学生在面对情境时,其参与的程度,发现问题、解决问题的能力,都可以作为评价的依据。通过动态评价或多次评价模式,多鼓励在教学过程中参与度高的学生,更好地调动他们对于美术课学习的热情和兴趣。同时,对于那些参与度低,对美术课缺乏兴趣的学生,教师要利用好情境教学,将学生带入精心创设的情境,让学生在快乐中收获知识。

(二)注重个性评价,关注素质评价

美术课堂上作业的评价通常以质量的标准来衡量,这个标准十分专业,侧重于美术的学科标准。这些过于专业的标准,让教师和家长常常以设计师或画家的角度来看待学生,学生受此因素的影响和约束,难以表达自己内心真实的想法,不利于开发学生的想象力和创造力。教师要通过教学评价的方式,让学生摆脱思想上的束缚,在情境中大胆发挥自己的想象力,展现自己内心的想法。教师则通过对学生个性的肯定,减少学生的顾虑。如此,让学生在积极的评价体系中,能够自由发展,在学习相同知识的同时体现自己的与众不同。

(三)重视目标评价,强化实操评价

学生在课堂中能够掌握多少知识仍是教师关注的重点。教师对于学生是

否达到教学目标,还需要严格把控。面对核心素养对学生提出的新要求,教学评价不能仅仅停留在理论层面,还需要关注学生将知识联系生活实际并能够实际运用的能力。在评价过程中,教师可以设置一些课后的环节,让学生将所学的知识进行实际的操作。因此,将实践的能力列入评价范围内,有助于学生做到学以致用。

(四)重视个性化评价

《义务教育艺术课程标准(2022年版)》对美术课程实施中的评价做了界定,即坚持素养导向,以学生为基本出发点,立足学生审美感知、艺术表现、创意实践、文化理解核心素养的发展。素养导向的评价,强调针对学生在解决问题时体现出的艺术核心素养发展水平展开评价,但它并不是要抛弃对美术知识与技能的评价。个性化评价在情境教学中起着重要作用。在教学过程中,教师应该注重对学生个体差异的尊重和关注。为了更好地帮助学生发展,教师可以采用多样化的评价手段。实践性是美术课程的一项重要性质,是不容忽视的美术学科本体特点之一。比如,在课堂上可以让学生展示他们的成果,通过交流来了解他们的想法和对知识的理解程度,同时可以通过反思来帮助学生发现自身存在的问题以及改进的方向。在情境教学结束后,教师应该给予学生足够的时间来进行反思和评价。这有助于教师总结经验,并且意识到自己在教学过程中遇到的问题。通过这种方式,教师能够引导学生提出改进的方案,并促进他们的自我发展和提高。从学生艺术核心素养发展的角度来看,以美术知识与技能为基础的美术实践发挥着重要的基础作用,因此有必要对义务教育阶段的学生提出适当的评价要求。在评价体系建设中,个性化评价的实施可以让每个学生都得到适当的关注和帮助,从而更好地实现他们的潜能。

美术情境教学评价的实施与优化是一个持续性的过程,不仅能够揭示学生的学习情况,而且为教师和学生提供了有针对性的教学指导和改进方向。评价指向不仅具备导向作用,能为学生指明学习方向,而且具有激励作用,能够激发学生的内在动力,推动他们主动参与和深入学习。通过评价的实施,师生能够共同面对真实情境中的问题和挑战,进而在解决问题的过程中,培养学生的创造力、批判思维和解决问题的能力。在实施评价的过程中,教师也要注重将美育与生活实践紧密结合。生活实践为学生提供了丰富多样的美育素材和场景,使学生能够在真实的情境中感受美、创造美。通过参与社区活动、制作手工艺品等实践活动,学生不仅能够加深对美的理解和感受,还能够将美育知识和技能应用于日常生活中,提升自己的审美修养和创造力。

同时,评价的优化也是关键的一环。我们不断探索更加科学、客观、公正的评价方法,力求使评价结果更加准确地反映学生的学习成果和进步。通过优化评价工具、完善评价标准、加强评价反馈等方式,教师不断提升评价的针对性和实效性,为学生的全面发展提供有力支持。

综上所述,美术情境教学评价的实施与优化是提升教学质量、促进学生发展的重要途径。我们要通过深入研究和不断探索,进一步完善评价体系,为义务教育阶段美术情境教学的发展贡献更多力量。

第六章

立美美术理念下美术情境教学实现的教师素养

义务教育阶段开展美术情境教学，首先要加强美育老师的配置，建立起一支组织架构完善、执行能力强的美育师资团队。素养一词通常在英文中用"literacy"表示，但是在英文文献中，"competency""competence""literacy"几个词也经常互换使用或者并列使用，只要其表达的含义相同，都可以译成"素养"。随着社会的不断发展，素养的内涵也在与时俱进。20世纪90年代，素养被认为是个体适应社会发展所具备的各种能力。为了更好地推进立美美术融入美术教学全过程中，建设一支艺术素养高的教师队伍显得十分必要。因而必须通过多种途径打造立美美术背景下的优秀教师，以发挥出教师团队的智慧，改变传统教学当中教师单一教授为主的弊端，提高教师的综合教学能力，提升其在传道授业的基础上，实现发展学生审美能力的愿景。教师应该具有热情投入的敬业精神、渊博深厚的知识结构、驾轻就熟的教学能力。学校也应为教师开放学习艺术的通道，开展艺术主题的教科研活动、艺术培训等，以科研为引领，以项目化形式开展教师培训，注重教师的参与性，创设具体情境，以问题为导向，提升教师的跨界、融合育人的专业素养。

第一节 立美美术理念下美术情境教学实现的教师育人观转变

义务教育阶段的美术教学,教师要开展情境教学,需要不断提升自身素养和教学技能,才能更好地组织教学活动。对于基础教育阶段学生而言,他们在接受新知识、健全思想人格等方面都处于比较敏感的时期,教育的方法、手段需要根据时代发展加以改进。这就需要教师在教学技能和教学素养等方面加以提升。教学技能是教师最基本的职业技能,它是在课堂教学中教师运用专业知识及教学理论促进学生学习、实现目标而采取的一系列的教学行为方式。教师教学技能和教学素养是学生核心素养培育的关键。从社会角度来看,情境教学对教师的要求非常高。教师需要具备丰富的知识储备量、专业的知识技能,并且要了解社会的变化和发展。只有当教师拥有广泛的社会文化背景知识,才能在主题选择和活动设计上游刃有余。尤其在美术教育中,重要的是传承艺术素养,并培养适应终身发展和社会发展所需的品格和关键能力。从文化角度来看,教师在选择情境时需要具备一定的"文化敏感度"。教师需要认识和欣赏不同文化之间的差异,在深入理解教材的前提下,从宏观层面回答"立什么德、树什么人"这个根本问题。而从自主发展的角度来看,教师需要不断学习新的教育教学理念,为学生提供良好的学习氛围,摒弃"一言堂"式的教学方式,将课堂还给学生。在实践情境教学时,教师应明确学生所应具备的必备品格和关键能力,并在情境选择上坚持科学性、注重时代性以及强化民族特色。核心素养本位的教育目标与以往的教育目标有很大的不同。以往的教育目标主要偏重知识与技能层面,强调"双基"(即基础知识和基本技能)和"三维"(即知识与技能,过程与方法,情感、态度和价值观)的培养。然而,在过程与方法以及情感、态度和价值观层面,缺乏有效研究与执行。核心素养本位的美术教育追求综合性美育目标,要求美术教师在教学中改变主体观念。同时,美术教师还需要具备相应的学科素养、教学素养和时代素养,这些素养相互影响并有效融合成为美术教师核心素养。然而,在具体的美术教学过程中,存在一些问题。如以美术教

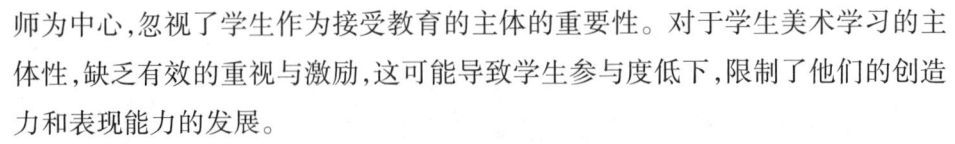

师为中心,忽视了学生作为接受教育的主体的重要性。对于学生美术学习的主体性,缺乏有效的重视与激励,这可能导致学生参与度低下,限制了他们的创造力和表现能力的发展。

为了更好地实现核心素养本位的美术教育目标,我们需要改变教学模式,建立起以学生为中心的教学环境。这意味着教师应该充分关注学生的个体差异,激发他们的创造力和自主学习能力。此外,我们还应该注重培养学生的情感、态度和价值观,引导他们形成正确的审美观念和艺术价值观。只有这样,美术教育才能真正实现综合性美育,培养出具备核心素养的学生,使他们在美术领域获得全面发展。

一 转变美术教育主体观念

以核心素养为本位的美术教育以学生美术学习的主体性需求为导向,旨在促进学生美术核心素养的全面发展。与传统的美术教育不同,强调核心素养的美术教育不再仅仅侧重于知识与技能的培养,而是更加重视学生情感与价值观层面的了解与培育,注重学生学习过程的发展和学习方法的培养。在以核心素养为本位的美术教育中,学生作为美术学习的主体被赋予更多的主动性和参与度。教师应当重视每一位学生的个性特点,主动唤起他们的艺术创新潜能和自我驱动学习的能力。通过提供丰富多样的学习资源和启发式的教学方法,鼓励学生积极思考、探索和表达自己的想法与情感。同时,教师还应引导学生形成正确的审美观念和艺术价值观,培养他们对美术作品的欣赏能力和批判思维能力。

以核心素养为本位的美术教育也注重学生学习方法的培养。通过引导学生掌握有效的学习策略和技巧,帮助他们在美术学习过程中更加高效地获取知识和技能。此外,教师还可以启发学生思考艺术创作的过程与方法,鼓励他们探索不同的表现形式和实践方式,培养他们的创造力和批判性思维。

总之,美术教育以核心素养为核心,旨在全方位推进学生美术关键能力的提升。通过关注情感与价值观层面的培育和学习方法的培养,使学生在美术学习中获得全面的成长与发展。这样的教育模式将激发学生的热情和创造力,培养他们成为具备核心素养的美术学习者。

核心素养背景下美术教育的教育目标是通过美术教师与学生之间的有效

互动,在各种美术教学资源的支撑下,培育学生的图像识读、美术表现、审美判断、创意实践和文化理解五个核心素养。在义务教育阶段美术教学过程中,美术教师是影响核心素养实施的重要因素。为了达到这些目标,美术教师应该有意识地加强对美术核心素养的了解和研究。可通过学习、观摩和接受培训等方式来认识美术核心素养在学生美术学习中的作用和发展规律。此外,还应该研究不同美术核心素养之间的关系,以及美术核心素养与学生学习需求之间的相关性。通过这样的研究,美术教师可以逐步形成美术核心素养目标下的美术课程教学设计与安排,从而有效进行美术教育。在教学角色的观念上,美术教师需要从教学中心者角色转变为教学组织者角色。以学生为中心,以美术核心素养的教育目标为参照系,广泛了解学生需求,并研究相关美术教学资源的开发与利用。在具体教学上,美术教师可以根据学生的知识系统的最近发展区来构建主题性美术学习,激发学生对美术学习的兴趣。在美术表现方面,可以根据学生的美术操作能力进行目标分解,解构美术表现的步骤和过程中的重要环节,并重点引导学生理解这些过程之间的关联性,以增强美术学习的有效性。此外,美术教师还应重视审美判断、创意实践和文化理解这三个核心素养的培育,并了解它们之间较为复杂的内在关联性。教师可以选择综合性和实践性较强的教学主题,以满足学生核心素养的多元构建。

通过以上的努力,义务教育阶段美术教育可以更加符合核心素养背景下的目标,促进学生美术核心素养的全面发展。在教学模式的观念上,美术教师应从采取单一程式化的教学模式转向多元、双向教学模式。核心素养本位的美术教学,强调在现实情境中发现问题、明确任务,引导学生自主合作地探索美术学习领域。[①]由此,美术教师应具备开放的、跨学科的思维与态度,尊重学生在美术教学中的主动性,结合实际情境、问题把任务有效传达给学生,启发学生通过自己的努力找到解决问题的方法,而不是越俎代庖地把解决问题的路径和方法直接传授给学生。

《义务教育艺术课程标准(2022年版)》落地面临新挑战,彰显立美美术情境教学实践新的导向,对教师育人观念转变以及教师素养的发展的影响包含以下几个方面。

---

① 李力加.核心素养时期美术教学的改变——以人美版美术教材一主题为例[J].中国中小学美术,2017(4):8-12.

(一)专业迭代:提升教师实施艺术教育的综合素养

《义务教育艺术课程标准(2022年版)》的实施需要教师具有与时俱进的综合素养,这就要求教师通过专业迭代与更新,努力成为富有创造精神、具有使命担当的新时代"大先生"。一方面,教师要坚定育人立场,通过专业培训、课堂磨砺、团队协作等方式提升教育教学能力,把自己塑造成专业过硬、道德高尚、富有社会责任感与理想情怀的艺术教师;要树立自身职业使命感,引导学生辨别真善美,重视自身价值观的发展及学生价值观的培育。另一方面,教师要重视自身专业发展,不仅要加强专业知识技能的学习,更要提升对艺术理念、思维、价值的理解,提升人文、艺术、道德等多方位素养。以美育人的艺术教育要求教师不仅仅是艺术专业的"武林高手",还要是育人层面的"心灵捕手"。

(二)立德铸魂:激发艺术与德育的深度融通

艺术教育有道德教育的内涵,道德教育与艺术教育有很宽泛且很强的交融性。在德育中导入艺术教育,可以使道德教育转化为道德情感的陶冶。《义务教育艺术课程标准(2022年版)》提出,要借助各种健康向上的艺术实践活动寓教于乐,淡化德育的痕迹,增添人文色彩,从而消除学生的逆反心理,在不知不觉中浸润心灵,弥补课堂教育、思想引领中的不足,为德育工作提供条件,增强以美辅德的有效性和感染力。因此,艺术教育和德育融合,充分发挥课程整合的优势,通过"因势利导、顺势而为"的自然融入,在艺术学习中引起学生的情感共鸣,对于培养具有开放的思想、宽广的视野、博大的胸襟、平衡的身心、适应现代社会挑战的一代新人能够起到独特作用。艺术课程要以中华优秀传统文化、革命文化、社会主义先进文化为主体内容,讲好中国故事,同时吸收、借鉴人类文明优秀文化成果,在艺术与德育的深度融合中,追求精神高度、文化内涵、艺术价值的高度统一,逐步实现立德铸魂的育人目标。

(三)学科实践:彰显艺术与学生生命体的联动

宗白华指出,审美的方式就是"在实践生活中体味万物的形象,天机活泼,深入'生命节奏的核心',以自由谐和的形式,表达出人生最深的意趣"[①]。审美

---

① 宗白华.宗白华全集(第二卷)[M].合肥:安徽教育出版社,1994:98.

活动与生命的旨趣、人生的价值密不可分,艺术以形式与节奏表现生命内部"至动而有条理的生命情调"。学生是鲜活的生命个体,艺术教学赋予学生知识、情感与温度。"品德塑造生命,艺术丰富生命",《义务教育艺术课程标准(2022年版)》明确指出要重视艺术体验,激发学生参与艺术活动的热情与兴趣,丰富情感体验,形成健康的审美情趣;强调艺术课程的实践导向,在欣赏、表现、创造、融合中提高学生的艺术素养与人文素养。艺术课程的实践引导学生树立正确的历史观、民族观、国家观、文化观,是基于艺术体验基础上的生命与价值的联动生发。

(四)合作与互动:凸显以学生为主的教学理念

在立美美术理念下美术情境教学重视鼓励学生之间的合作与互动。通过这种方式,可以有效地促进学生之间的交流和合作能力的培养。为了实现这一目标,可以组织一些小组活动,或者让学生进行合作创作。这样一来,不仅可以激发学生对课程内容的兴趣,还能够提高学习效果。另外,在美术情境教学中进行团队合作和交流也是非常有益处的。通过与同伴一起探究问题、展开互动交流,可以让学生相互学习、相互帮助,进而促进思想的碰撞。这种合作探究和互动交流的过程不仅能够增强学生的学习能力,还能够培养学生的合作精神和团队意识。总之,合作与互动在情境教学中扮演着重要的角色,不仅可以提高学生的学习效果,还能够培养他们的交流和合作能力。因此,在教育实践中,教师应该积极鼓励学生进行合作与互动,为学生创造一个良好的学习环境。

二 义务教育阶段美术教师教学设计的优化

教学设计是课堂教学的纲目,教师需要根据教学设计开展具体的教学。教学设计的优劣直接决定教学活动能否成功。教学设计包含教学内容、教学目标、教学重点、教学难点、板书设计、教学过程、学生活动、课后评价等内容,这就要求教师能够吃透教材,明确教学目标,对教学内容了如指掌。同时,能够挖掘内容中的重点和难点,然后对重点和难点的讲解方法进行思考。教师还要高度关注板书设计,板书是内容的依托,不宜过于复杂和繁冗。教学板书设计应当以关键词为主,以系统化的结构和内在联系为思路,设计简洁明了,美观大方。

教学过程的设计是教师教学个性和习惯的最直接体现,这个过程可以是标准化的,也可以是教师自己总结经验而得出的,但无论怎样,都应该以学生能够有效地识记和理解为目标,一定要摒弃那种"满堂灌"式的教学方法。学生活动和课后评价是教学设计的重要组成部分,教师需要在课堂上组织相应的活动,让学生在相互交流和探讨中掌握知识。同时,教师应当特别重视教学评价的重要性。教学评价是依照教育目标的规定,遵循特定准则对教学成效进行界定和评估的过程,它是教学流程中不可或缺的一部分,其核心宗旨在于检验并促进教学双方的效果。教师应鼓励学生之间开展相互评价,此举旨在增强学生的主体性和参与感,从而激发学生的学习热情,并进一步增强学生的自我肯定感。

以人教版《美术》九年级上册第一单元"感受中国古代美术名作"第2课《异彩纷呈的中国古代雕塑、工艺和建筑》的教学设计为例,这节课包含中国古代陵墓雕塑内容,教师赋予了课题一个有趣的名称——《俑在囧途》。教师是到外校借班上课,面对一群完全陌生的学生,对他们的学科基础不了解,也对他们的接受能力所知有限,而课程的内容又是略显枯燥的陵墓雕塑。如何调动学生的兴趣?如何活跃课堂的气氛?如何让学生学有所得?这显然是一个挑战。面对这样的一堂课,教师的教学设计得很巧妙,完成得非常精彩,称得上是一堂出色的示范课,值得同行学习借鉴。课堂呈现过程是怎样的?让我们跟随教师的思路一起来了解一下。

(一)导入环节

教学过程实录1:为即将开拍的电影《人在囧途》第三部挑选角色。都有哪些角色可以选择?——不同面貌的陶俑。

评价:这里得先分析一下教材和学情。初中欣赏评述教学实践教材,欣赏课编排的内容还比较专业,但常规的欣赏课不如技能课那样受初中生欢迎,欣赏课通常容易陷于沉闷的泥沼,学生提不起兴趣,教师讲授起来也没有热情。本节课所讲授的知识本身就比较冷门,对于陵墓雕塑第一印象大概是"没有什么趣味可言"。教师在处理这一节课时,一开始就借票房大卖、多数学生都知晓的电影《人在囧途》设计了一个情境,学生的好奇心很容易被激发出来,产生"美术鉴赏课还能跟流行文化有关联"的疑问,如此学生的兴趣就被调动起来了。这样的导入显得很高明。

教学过程实录2:设计选角的情境,选角需要一个流程,备选角色的面貌如何？这时候教师又卖了一个关子,让学生来揭开角色的神秘面纱——拼图游戏。教师选取了三件中国古代经典的陵墓陶俑作品,每件均分割成若干块,让学生来拼出他们的样子。在这个环节中,被选上讲台的三位学生动手操作,讲台下的学生也你一言我一语地指导拼贴,课堂气氛活跃,学生的注意力自然而然都集中到了黑板上的三幅拼图上。当拼图的面纱揭开之后,学生恍然有所悟——这不就是美术课本里见过的那几张图片吗?

评价:教师设计的这个环节很巧妙,青少年对游戏的参与度显然是比较高的,拼图游戏很顺利地将学生的注意力集中在了课程内容上,而且随着拼图游戏带来的探究的成就感,学生的求知欲会被激发出来。由选角开启话题,在这个时候,教师很自然地过渡到整堂课的核心部分——新知识学习。导入部分没有花费太多时间,但是调动了学生的兴趣,激发了学生的好奇心和求知欲,可见这个导入是非常成功的。

(二)新授环节

教学过程实录3:教师设计了小组学习的方式,每个小组6~8名学生,每个小组的桌面上均事先摆放有一个中国古代陶俑的复制品。

评价:在欣赏课中引入数量可观的实物(哪怕是复制品)这个举措再一次展现了授课教师的用心,相比常规欣赏课仅凭电子图片进行讲授,引入了实物的课堂无疑更吸引学生。

教学过程实录4:教师为学生设计了学习方式——自主探究式学习。与此同时,教师还设计了非常有针对性的学习单作为学生自主探究学习的拐杖,学生照着学习单的提示进行观察、思考、讨论,并尝试给出个人的看法。

评价:自主探究式学习非常符合当下"以学生为主体"的教学理念。而且自主探究式学习,不仅仅是学生将作品实物对照课本中的文字进行学习那么简单。学生不是被动地采纳课本中的说法,这一点可以从学生在其后分享阶段的表现看出来,几乎每个小组的学生代表均能切中两三个知识要点,且表述的语言不是照搬照抄教材中的,部分学生甚至用自己的语言表达出了相当专业的意思,其奥秘何在?——就在于教师精心设计的学习单。

(三)反馈环节

教学过程实录5:来看看学生的回答吧。

学生1:造型上兵马俑的体量接近于真人尺寸,细节刻画十分细致入微。同时为了模拟现实生活,秦始皇陵兵马俑还有文官俑与百戏俑。在着色时事先涂上一层基底,然后再施以五彩,因而栩栩如生。学生2:山西太原晋祠圣母殿侍女像形神兼备、气度端庄,艺术家生动刻画出了人物的性情气质,有的老成持重,有的天真无邪,达到了心理刻画的深度。学生3:甘肃天水麦积山石窟第147窟的佛像,其造型特点是"秀骨清像"和"褒衣博带","秀骨清像"一词源于唐朝张彦远《历代名画记》中转引张怀瓘对南朝陆探微绘画风格的评价,反映了南朝文人士大夫阶层注重神韵、追求清新脱俗的审美偏好。北魏孝文帝推行汉化政策后,"秀骨清像"的审美得以在北方广泛传播,佛教造型逐渐由健壮浑厚转向修长清秀,服饰上出现了具有中原衮服式样的"褒衣博带",加重了飘逸清秀的造型趣味。

评价:这样的回答说明学生已经习得了这些知识。这些知识由自主探究得来,而非教师的灌输。如此一来,课堂上所掌握的知识成为学生自己的东西,预计在很长时间内都不会消逝。学生学有所得吗?毫无疑问,他们实实在在习得了新知识。

(四)小结环节

教学过程实录6:关于知识点的总结。中国传统雕塑是中国古代风俗与宗教观念的反映,雕塑的布局、造型与色彩折射了中华民族独特的审美观念。欣赏这些作品时可以从功能、观念、环境、造型、色彩等方面着手进行多角度观察分析。

一句申明的话:"本节课选角的情节纯属虚构,而本节课所讲授的知识切实可信。"

评价:关于本堂课知识点的回顾是必要的,教师以简练的语言进行了概括。而一句特别申明与开篇进行了呼应,这样一句话诚恳且带着几分幽默感,让学生觉得亲切,回顾整堂课的生动有趣、充实饱满、学有所得,大概不少学生会莞尔。

以学生为主体的探究式学习,教师的作用体现在哪里?答案是体现在设计有针对性的学习单,也体现在学生自主学习过程中与每个小组进行交流、提示探究方向,还体现在学生分享后,教师对每件作品均作了或长或短的知识补充,以及对学生所反馈情况进行了点评。

在课堂上,许多知识都是由学生自己讲授出来的,那么授课教师的专业水平如何呢？其实,相比常规的教师主导式的欣赏课,这样的课堂设计对教师的专业素养要求更高,需要授课教师对当堂课的所有知识了然于心,虽不需"满堂灌",但在学生回答不到位或有所遗漏时能进行恰当的补充,而且对学生反馈的情况进行的点评要能切中要点。

再来看几个细节:

拼图材料:喷绘图片(有一定厚度,易切割成小块)、软性磁铁(状如塑料片,可吸附于磁性黑板上,有一定柔韧性),这两种材料在生活中都算易得的,且成本低。但是能想到将它们引入美术课堂促成拼贴画这种有趣的教学手段,需要勤于探索。案例中教师探索的这种教学手段值得推广,其探索精神更值得同行学习。

板书板画:板书的结构清晰,准确提示了当堂课的知识要点,而且书写的字迹干脆有力;板画简洁明了,将本堂课的重要背景知识——"陵墓"以准确的粉笔画向学生呈现,通过看图画,学生便能明白何为"陵"何为"墓",知道陶俑是放置在哪个空间的。

印章设计:圆形的印章造型,阳刻"×××创意工作室出品"文字,字迹为红色。这样一枚由电脑设计出来的印章足见教师的用心、有创意,以及全面的专业素养。

三 美术教师核心素养的全方位转向

在当前美术教师的工作环境和个人经历的限制下,他们更多地侧重于围绕"双基"和"三维"目标进行美术教学。然而,在具体的教学过程中,他们需要实现对核心素养的全方位理解与应用。为了使美术教师能够全面发展自身的核心素养并将其运用到教学中,建议教师加强专业知识的学习和更新,不断提升自己的专业知识水平,了解最新的美术理论和技术。可以参加相关的培训课程、研讨会和学术交流活动,与同行分享经验和见解。也可以积极参观美术馆、画廊、艺术家工作室等场所,拓宽自己的审美视野。还可以通过欣赏各种类型的艺术作品,了解不同时期和不同文化背景下的艺术表现形式。教师还要关注每个学生的个体发展,并根据学生的兴趣、特长和需求制订个性化的教学计划。可以通过开展小组活动、鼓励学生自主创作等方式,激发学生的创造力和表达能力。引导学生思考作品背后的意义和价值,并培养他们对美术作品进行批判性分析的能力。也可以通过提出问题、进行讨论和写作等方式,培养学生的批判性思维和分析能力。鼓励学生进行创新和实践,不断尝试新的艺术表现方式和技术手段。可以提供各种资源和支持,帮助学生实现自己的想法和创意。通过加强专业知识的学习、拓宽审美视野、注重学生个体发展、引导思考与批判性分析以及鼓励创新和实践,美术教师可以实现对核心素养的全方位转向。这将有助于提高他们在教学中的表现,并为学生提供更丰富、深入的美术学习体验。

(一)积极参与各种学习与培训,终身学习是立教之本

在核心素养背景下,美术教育的教育目标、形式、对象和角色都发生了重大变化。因此,美术教师应该树立终身学习的理念,并在学科素养上不断提升自己,研究美术教学面临的新问题。为了实现终身学习,美术教师可以采取以下策略。

自主学习和自我提升:美术教师应该主动收集、比较和整理相关的教育信息,学习新兴研究领域的内容与技术,以增强自己的教学业务能力。特别是要利用现代化的数字媒体技术来改善教学技能,探索如何更好地融入数字媒体教学工具和资源。

参加培训和学术交流:美术教师应该积极参加不同层次和内容的培训,与业内外的相关人士进行学术交流,并观摩成功的教学模式。通过这些方式,不断探索、分析和解决核心素养所带来的新问题。

建立学习网络和资源共享平台:美术教师可以与同行建立学习网络,共享资源和经验。可以参加教研活动、学科组会议或者创建在线社交平台,通过互相交流和讨论来丰富自己的教学经验,并从中获得灵感和启发。

持续反思和自我评估:美术教师应该不断反思自己的教学实践,并进行自我评估。可以通过观察学生的学习情况、听取学生和家长的反馈以及参加同行评课等方式,了解自己的优势和可改进的空间,并制订进一步的提升计划。

总之,美术教师应该树立终身学习的理念,并采取积极的学习策略来提升

自己。通过自主学习和自我提升、参加培训和学术交流、建立学习网络和资源共享平台以及持续反思和自我评估,更好地应对核心素养所带来的挑战,为学生提供更优质的美术教育。

(二)以教学实践为导向,研究参与式教学的发展

为了更好地满足美术教学实践的要求,美术教师应该调整美术教育的教学目标、主题内容和方法,将图像识读和美术表现核心素养纳入具体的社会美术活动的问题情境中,以解决实际美术问题为目标进行美术教学设计。

为了实现这一目标,美术教师需要全面认识和研究学生的思想认知、个人经历、生活背景、情感和价值观念。可以以共情或同情的视角打开学生的心扉,激发学生自主学习的兴趣和积极性,并进行参与式教学方法的研究。通过这样的方法,美术教师可以帮助学生更好地理解和应用美术知识,培养他们的创造力和表达能力。此外,美术教师还应该研究学生审美判断、文化理解等核心素养的形成和发展阶段的特点,以及与之相应的培育方法。美术教师需要不断解决教学实践中的问题,提升自身的素养。通过对这些方面的研究和实践,美术教师可以更好地指导学生,推动学生的艺术发展和成长。以教学实践为导向,研究参与式教学的发展是美术教师应该追求的目标。通过调整教学目标、内容和方法,将核心素养融入实际美术问题中,全面认识和研究学生的思想认知和价值观念,培育学生的创造力和表达能力,美术教师可以为学生提供更具有参与性的教育体验,并促进他们在美术领域的全面发展。

(三)提升教师个性化素养,满足教学理念和要求

当今世界各国的教育改革趋势是在教育中平衡公平与质量,并注重标准化与个性化的发展。个性化教育不仅成为全球教育改革的潮流,也成为中国深化教育改革的方向。自2010年起,一系列文件明确提出关注学生个性,促进个性化发展已成为当前中国课程改革的重要议题。这对教师的专业素养提出了新的要求。教师需要将素养转化为实际行动,这是课程改革和课堂变革的重要环节。教师的个性化教学素养水平直接影响着课堂教学是否符合个性化教学理念和要求,从而影响着学生的学习结果。

个性化教育的关键在于兼顾学生的差异和特点,为每个学生提供符合其需

求的教育方式和资源。这需要教师具备深厚的学科知识和教育理论,能够灵活运用不同的教学策略和方法,以满足学生的个性化学习需求。教师还应关注学生的兴趣、才能和发展潜力,积极引导和激发学生的学习动力和创造力。

个性化教育是教育改革的重要方向,旨在培养每个学生的独特优势和潜力,使其能够在多样化的社会中获得成功。通过关注学生的个性化发展,我们能更好地满足学生的学习需求,提高教育的质量和效果。同时,教师的个性化教学素养也将得到提升,为学生的学习成果作出更大的贡献。为了提升教师的个性化教学素养,教育部门需要提供相应的培训和支持,为教师提供更新的教育理念和教学方法。此外,学校也应建立良好的教学评价机制,鼓励和认可教师在个性化教学方面的努力和成就。

(四)创新美术教学过程,规划未来职业发展

现代化数字网络信息技术的广泛应用推动了人工智能在社会各个领域的运用。人工智能的发展使得劳动分为程序性劳动和创造性劳动两种形式。程序性劳动指的是在流水线上进行固定而精准的操作,这一部分的工作正在逐渐被机器人所替代。而创造性劳动则需要创新思维和想象力,能够解决非常规、跨领域的综合性问题,这类工作只能由具备创新思维的综合性跨界人才来完成。

美术活动是一种典型的创造性劳动,美术教师需要运用批判性思维、创造力、想象力以及沟通与协作能力进行教学。美术教师需要突破常规的教学思维,在美术教学中不断更新教学主题和教学方法。例如,可以学习和制作网络课程、微课,构建3D虚拟实验室,利用学习诊断系统和大数据教学分析技术进行教学评价等。通过这些创新举措,美术教师能够不断提升自身的素养和能力。在人工智能时代,美术教师需要不断适应变化,利用数字技术来创新教学;需要具备批判性思维、创造力、想象力以及沟通与协作能力,以应对面临的挑战。通过不断更新教学主题和教学方法,美术教师能够为学生提供更多样化和富有创意的教育体验,并在创新中提升自己的素养和能力。

(五)保障美术教师职业发展,给予大力支持

美术教师核心素养的培育是一个系统性的工程,在国家社会的宏观层面上

需要建立有效可行的教师教育发展机制。在管理机制方面,国家、地方和学校各个层级应设立相关的教师教育管理和服务机构,从整体规划的角度出发,调整政府与学校教育之间的关系、学校与教师发展之间的关系,以及学校与教师培训之间的关系,明确教师教育发展的方向、内涵和重点。

在教师教育类型上,除了重视美术师范类教育外,还应加强美术教师的在岗培训,全面提升美术教师的核心素养。可以通过组织专门的培训课程、研讨会、研修班等方式来实现,以确保美术教师能够不断更新知识和技能,适应时代的变化和需求。

在政策导向方面,应奖励和支持教师进行创新教学,组织各种形式的教学竞赛、教学培训和教学交流活动,为美术教师拓宽视野,搭建教师间交流的平台。这些活动可以促进教师之间的相互学习和借鉴,提高教师的专业水平和教学质量。

总而言之,要提升美术教师的专业素养,必须从国家与社会的视角出发,构建一套切实有效的机制。这包括在管理机制上设立相关机构,调整教育关系,明确发展方向;在教师教育领域,不仅要强化美术师范教育的地位,还应重点关注美术教师在职培训,以全方位地增强美术教师的关键素养。

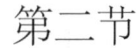

第二节 立美美术理念下美术情境教学实现的教师素养结构

我国教育的根本任务是"立德树人"。作为一名合格的美术教师，首先要全面贯彻党的教育方针，坚持立德树人，深入理解新时代社会发展的新趋势，把握教育改革的新动态。将美育视为一项战略性任务，为每一位学生提供获得美育教育的机会，并为师资队伍提供相应的培训与支持。只有这样，我们才能发展出一个更加富有创造力、丰富多彩、充满活力的文化社会。在立美美术理念的引领下，美术情境教学实现的教师素养显得尤为重要。教师作为教学的引领者和实施者，其素养的层次与结构直接关系着美术情境教学的质量和效果。在义务教育阶段，美术教师的素养不仅仅包括专业技能和教学能力，更涵盖了教育情怀、文化素养以及创新能力等多方面内容。美术教师的素养具有鲜明的层次性。基础层是扎实的专业知识和教学技能，这是美术教师开展美术情境教学的基本前提。在此基础上，美术教师需要具备较高的文化素养和教育情怀，能够深入理解立美美术理念的内涵，将美育融入日常教学中。最高层次则是教师的创新能力和持续学习的精神，这是推动美术情境教学不断发展和完善的关键。

教师素养的各个层面相互关联、相互影响，共同构成了一个完整的结构体系。专业知识与技能是支撑，文化素养和教育情怀是灵魂，创新能力则是动力。这个结构体系在美术情境教学中发挥着至关重要的作用，它不仅能够提升教师的教学效果，更能够激发学生的学习兴趣和创造力，促进学生的全面发展。

此外，教师素养的现实价值在于能够推动美术情境教学的深入发展。通过不断提升自身的素养，美术教师能够更好地理解和实践立美美术理念，将美育融入每一个教学环节中，让学生在美的熏陶中不断成长和进步。因此，探讨立美美术理念下美术情境教学实现的教师素养结构，对于提升美术教学质量、促进学生全面发展具有重要意义。

一 义务教育阶段美术教师素养的层次与结构关系

美术教师作为《义务教育艺术课程标准(2022年版)》的践行者,首先要树立为党育人、为国育才的意识,深入理解义务教育艺术课程的性质和育人目标。美术教师的素养是指他们在当下以核心素养为本位的美术教育中所展现出的能力和品质。美术教师需要具备专业化的美术学科核心素养,这包括对美术知识和技能的深入理解和掌握,以及对美术创作、表现和批评的能力。他们还应该了解和研究美术核心素养的概念、原则和发展趋势,并将其融入自己的教学实践中。

除此之外,美术教师还需要具备普遍性的教学素养,这包括教学设计与组织能力、教学方法和策略的灵活运用能力、教学评价和反馈的能力等。美术教师应该能够根据学生的需求和特点,提供个性化的教学服务,激发学生的兴趣和潜能,并引导他们积极参与美术学习。美术教师还需要具备体现社会发展方向的时代性素养。这意味着他们要关注社会、文化和艺术的变化趋势,了解当代艺术的发展和创新,以及与科技、环境等领域的交叉融合。他们应该能够引导学生思考当代社会和文化背景下的美术表达和审美价值,并通过艺术教育培养学生的社会责任感和全球意识。美术教师的素养是内生于其个体的,这些素养相互影响,复杂地糅合共生而形成了美术教师素养结构。美术教师通过不断学习和实践,不断提升自己的专业素养、教学素养和时代性素养,以适应和满足当下以核心素养为本位的美术教育的需求。

从学科素养的角度看,美术教师应具备高专业水平的美术学科五大方面的核心素养,才能成为学生美术学习的榜样和引导者。图像识读、美术表现是美术学科特有的基本素养要求。图像识读是联系地、比较地对图像造型、色彩、材质、肌理和空间等形式特征进行整体观看。美术教学对图像的显性和隐性特征都要进行探讨,并设置学生图像识读的不同维度学习目标,引导学生思考图像隐藏的历史、文化、社会等价值。美术表现是运用传统与现代媒介、技术和美术语言创造视觉形象,包括艺术性创作和实际生活中的描绘、制作等行为。美术教师需要引导学生从美术角度思考、分析及解决生活中的问题。审美判断、创意实践和文化理解是美术教师感知、意识、思维等方面的素养。审美判断是对美的感知、分析、评价能力,美术教师要了解审美判断的形成规律和步骤,研究步骤间过渡、承接的重要方法,引导学生形成审美判断能力。创意实践是在美术活动中对美的实现能力，需要美术教师有意识地创新美术问题的视角、美术教学环节和方法，形成草图、呈现模型，引导学生对实际生活进行应用及改进。文化理解是基于中国传统、现代文化和世界多元文化视角对美术问题进行理解的能力，美术教师要以一种包容、公正、发展的理念来理解美术背后的文化问题。从教学素养的角度看，美术教师身上表现为团结合作、运用知识技能和信息、融入社会的能力和品质。作为从事美术教育的教师，应该以社会包容和培养每一个学生的潜力为出发点，在教学中尊重学生的主体性，并发挥组织者的角色。应当与学生合作学习，组织协作活动，为学生提供良好的学习环境。此外，美术教师还需要热爱学习，全面理解美术学科知识，并能够使用多种类型的知识。应该引导学生利用新媒体技术进行美术学习和创作。同时，美术教师应具备正确的社会价值观，尊重学生的文化差异，并认识到家庭和社会对学生发展的重要作用。应该使学生树立正确的价值观，并在培养学生美术核心素养的同时达到美育的效果。随着时代的发展，现代美术教师需要具备数字信息技术的媒介素养，需要全面了解和掌握现代化信息技术传播方式和内涵，并引导学生有效运用数字媒体技术。媒介素养包括媒介态度、媒介知识和媒介技能三个方面。

美术教师的媒介态度是指他们对数字媒体的基本性能和发展方向的认知和评价。媒介知识是指对数字媒体技术内涵的了解和认知。媒介技能则是在媒介知识的基础上，应用数字媒体进行美术教学活动的能力。美术教师的媒介态度决定了媒介知识与技能的发展。只有具备积极肯定的媒介态度，才能进一步学习和运用媒介知识与技能。而媒介知识与技能的发展又可以调整媒介态度，由此三者形成一个有机统一的整体。

综合来看，美术教师的核心素养层次是由其学科素养、教学素养及时代素养三者共同构筑的。学科素养影响着教师在教学中的表现和发展，而教学素养则体现了学科素养并在实践中不断发展。这些素养都与时代要求相一致，它们相互融合，共同构成了美术教师的素养结构。

教学素养是教师的基本素养，既承接了"素养"的关键要义，又回归了教师教学这一本职工作。美术教师要在教学实践活动中，加强美术与其他艺术、其他学科、自然、社会、生活、科技等的关联，汲取丰富的审美教育元素，在促进学生身心健康全面发展的同时，注重与学生共同成长，努力使自己成为一个全面发展的人。教学素养的界定可从以下几方面进行。

一是从教学能力的角度出发。美术教师是集美术学科专业知识、教育教学能力和科学文化素养为一体的专业人员,应该是具备反思能力的实践者。如郭润玺与郭凤书提出,作为一名教师在教学上的基本素养就是指教学能力五个方面,即口头表达能力、书面表达能力、观察能力、聆听能力以及教态。[①]

二是从职业素养的角度出发。如刘海兰认为,教学素养是指教师在实现有目的的教学行为中所应该具有的课堂情境知识及与之相关的知识,是教师准确科学地实施教学的基本素质。[②]鼓励美术教师依托个人素养、教研能力和研究水平在情境教学实践中发现关键问题进而解决关键问题,促进美术教育研究的健康及可持续发展。

三是从教学素养构成要素的角度出发。如张国礼等学者认为教学素养是指教师在日常的教学实践和学习过程中形成在理念、知识、能力和态度等方面的水准和正确的态度。[③]鼓励美术教师提升教研能力和研究水平,通过深入理解新时代社会发展的新趋势,把握教育改革的新动态,树立新观念,深入研究基于核心素养的美术教育教学方法,根据实际情况,有序改进教学。

四是从广义与狭义的角度出发。课堂教学素养也有广义与狭义之分。广义的课堂教学素养是指教师教学素养的整体,例如教研素养、礼仪素养、法律素养、科学素养等内容;狭义的课堂教学素养更注重课堂中的过程与表现,例如本学科知识水平、课堂驾驭能力等知识、能力上的研究。鼓励教师组成"教师学习共同体",运用集体的智慧,解决教学中遇到的问题,攻克难点。

素养是知识、技能与情意的综合体,那么作为素养的下位概念——教学素养,自然而然也是知识、技能、情意的综合体。但是教学素养更为具体,是强调教师在教学中"教"的问题。其核心内容是教师在教学过程中所具备的知识、态度、技能与理念等一些基础性品质与能力。

基于对教学素养内涵的梳理与分析,可将教学素养界定为:"教学素养是确证教师伦理身份、落实教育抱负、实现课程价值托付的基础性品质与能力结

---

① 郭润玺,郭凤书.加强中学数学教学基本素养的培养[J].教育探索,1999(6):52-53.
② 刘海兰.高校青年教师教学素养培养探究[J].现代教育科学,2011(6):23-24.
③ 张国礼,边玉芳,董奇.中小学教师教学素养、工作压力、主观幸福感的关系[J].中国特殊教育,2012(4):89-92.

构。"[1]它包括知识、态度、技能与理念等具体要素。在已有研究中,学者们经常将教学素养诠释为教学能力,并且在英文文献中"competency""competence""literacy"几个词也经常互换使用或者并列使用。但是教学能力并不能完全等同于教学素养,只有当教学能力与教学素养所表达的意思基本相同时,教学能力才能诠释为教学素养。总而言之,教学能力是教学素养结构的外显化,教学能力能够较为直观地观测一位教师是否具备相应的教学素养。

教学素养的实现,要求美术教师必须具备三个基本素养:第一,具有高超的教学技巧,唯有高超的技巧,才能抓住学生的心,使其喜欢上美术课,乐于接受教师的观点,否则一切都是空谈。第二,具备良好的美学修养,有独立的审美观念。教师的审美观的正确、高尚与否,将直接影响到学生对事物的看法。当代教师面对各种艺术思潮需要正确地甄别和吸收,教师应精通中西方美术史,各艺术流派的特点和发展脉络,并能提取有人文性的部分,巧妙而适时地给学生以影响。第三,教师应是道德高尚的人,知行统一。教师不仅要在教学中阐述美德的重要性,更要在实际行动中践行美德,成为学生效仿的典范。教师的言行举止,都应透露出高尚的道德情操,以此激励学生追求真善美,树立正确的世界观、人生观和价值观。通过自身的榜样力量,教师能够引导学生形成健全的人格,为他们的成长之路铺设坚实的基石。

二 教师素养的实现价值

一是提升教师的艺术素养。提升教师的艺术素养是非常重要的,它对于教师的个人发展以及学生的学习成果都具有巨大的影响。在义务教育阶段美术教学中,教师需要面对多元目标和多元策略的挑战,因此教师需要不断地探索和挖掘自身的潜能,以突破自我,并展示出自己最好的一面。为了提高自身的艺术素养,教师可以参加各种形式的专业发展培训活动。这些培训活动可以让教师快速成长,并通过观摩全国范围内优秀的录像课程来开阔教育视野。通过观摩这些优秀的课程,教师可以学到很多新的教学方法和技巧,丰富自己的教学经验,并提高自己的审美体验。

---

[1] 崔振成.教育知识觉悟下教师教学素养发展智慧[J].教育科学研究,2019(4):85-90,95.

参加专业发展培训活动不仅可以增加教师的知识量,还可以帮助教师更好地理解并运用教学中的艺术概念和原则。这些培训活动还可以提供一个交流和合作的平台,让教师能够互相学习和分享自己的经验。在这个过程中,教师可以相互激发创造力,共同探索更好的教学方法。通过不断提升艺术素养,教师可以更好地引导学生,激发他们对美术的兴趣和热爱。教师的艺术素养可以影响学生的审美观念和艺术表达能力。当教师具备丰富的艺术素养时,他们能够给予学生更多的启发和指导,帮助学生培养良好的艺术素养和审美能力。此外,教师的艺术素养还可以提高他们的职业竞争力。在当今社会,艺术教育越来越受到重视,拥有较高的艺术素养的教师将会更受欢迎。他们可以承担更多的教学任务,并在教学评估中取得更好的成绩。同时,他们还可以参与更多的研究项目和学术活动,进一步提升自己的专业水平。总之,艺术素养的提升对于教师个人发展和巩固学生的学习成果都具有重要的意义。教师通过参与专业成长工作室和观摩优秀的录像教学案例,能够持续提升自身的艺术修养。这将使他们能够更好地引导学生,激发学生对美术的兴趣和热爱,并为自己的职业发展打下坚实的基础。

二是优化教师的教育行为。优化教师的教育行为是提高教学质量和学生学习效果的关键。在这一方面,培养正确的教育观念,并将多元目标、多元策略、教育教学行为融入日常教学中,需要进行长期的积累和不断的努力。为了优化教师的教育行为,教师应该主动学习多元目标、多元策略相关的理论知识,并将所学应用于学术讲座、同伴交流学习以及与名师共同学习的过程中。通过多角度、多元化的理论学习,教师可以丰富自身的内涵,并有效地改进教育教学行为。

首先,教师需要通过系统性的学习来掌握多元目标、多元策略的相关理论知识。这些知识包括如何设定明确的教学目标、如何制定多元化的教学策略,以及如何评估学生的学习成果等。通过学习和掌握这些理论知识,教师可以更好地指导学生的学习,使教学更加有针对性和有效性。在真实的情境中发现真实的问题,并运用合作交流、自主探索的形式进行主动学习研究,解决真实情境中的真实教学问题。

其次,校本教研的支持点是真实性,包括真实的学校、真实的老师、真实的学生、真实的资源与技术、环境等,体现了学科之间、教师之间的真实融合。教师还应该在实际的教学中与同行进行交流学习。通过与同伴的互动交流,教师可以分享自己的教学经验和心得,也可以从其他教师的教学中获得启发和借鉴。这种同伴交流学习的过程可以促进教师之间的相互成长,并在教育教学行为上达到优化的效果。

最后,在教育教学行为的优化过程中,与名师共同学习是非常重要的。与名师共同学习可以让教师深入了解优秀教师的教学理念和方法,并将其运用到自己的教学实践中。通过与名师的交流、合作,教师可以不断提高教育教学水平,不断改进自己的教育行为。通过优化教育行为,教师可以在教学中更好地关注学生的学习需求,灵活运用多元目标、多元策略来满足学生的个性化学习要求。教师的教育行为对于学生的学习效果具有直接的影响。当教师具备优化的教育行为时,能够更好地激发学生的学习兴趣,提高学生的学习动力,并帮助学生更好地理解和掌握知识。此外,优化教师的教育行为还有助于建立良好的教育环境。当教师的教育行为得到优化时,他们能够更好地与学生进行互动和沟通,营造积极的学习氛围,促进学生的全面发展。

总之,教师在提高技能和素养的同时,还要掌握学科思想、知识体系和课程目标,通过情境教学开展丰富多彩的课堂活动,营造课堂教学生态环境,建立独特的课堂教学文化。课堂生态是教师教与学生学和谐对等、持续优化的教学过程,是教师技能和素养进一步提升的重要体现。课堂教学文化的建立不是一朝一夕就能完成的,需要教师在教学过程中不断探索提升教学质量的技能和方法,并运用于教学之中,持之以恒,形成学生乐学、教师乐教的独特文化。

第三节 立美美术理念下美术情境教学实现的教师素养发展机制

我国教育的根本任务是"立德树人"。在立美美术理念的指导下,成为一名优秀的教师,实施美术情境教学的首要任务是贯彻党的教育政策,深刻领悟新时代社会发展的新潮流,并准确把握教育变革的新动向。教师的素养发展水平,体现教师在课堂教学中多大程度符合教学的理念和要求,最终影响到学生的学习结果。教师必须对《义务教育艺术课程标准(2022年版)》有一个从认识、理解、运用到创造性实施的过程,这个过程是教师学习和研究的过程,也是教师素养发展和成长的过程。

一 核心素养本位——美术教育人才培养模式变革思路

核心素养的提出使教学需要深入解读艺术课程对学生全面发展的重要性,明确不同艺术学科之间交叉与融合的价值,准确把握课标的精髓。了解核心素养本位的美术教育人才培养模式主要实施路径最有效的方法则是分析、借鉴鲜活的美术教学案例,并在美术实践中不断体验、尝试和创新。核心素养本位的美术教育人才培养模式的优势在于:第一,核心素养本位的人才培养模式能够更好地满足当下社会对于中小学美术教学人才的需求;第二,核心素养本位的人才培养模式更注重学科融合,即不同的艺术门类相互融合,这更能培养学生的跨学科思维和创新意识;第三,核心素养本位的人才培养模式追求学生的个性化表达,以提升学生的艺术修养与审美能力。结合教师在情境教学中的实际,现提出以下五点核心素养本位的美术教育人才培养模式改革思路。

强化综合素养培养:通过开展跨学科的教学活动,培养学生的批判思维、沟通能力和艺术创造力,提高他们的核心素养;多元化课程设置:为了培养学生对不同艺术门类的理解和掌握,应增加多元化的课程设置,如绘画、雕塑、摄影等,让学生全面发展;实践与实验结合:通过实际操作和实验活动,提供学生锻炼技巧和探索艺术的机会,培养他们的创新思维和艺术表达能力;学生导向的评价体系:建立一个以学生发展为导向的评价体系,鼓励学生展示自己的个性和才华,激发他们的学习兴趣和动力;教师专业发展:提供教师专业发展的机会,加强教师的教育理论和实践能力培养,使其能够更好地指导学生的学习和成长。

(一)树立核心素养本位的教学观

在树立核心素养本位的教学观方面,教师需要深入理解核心素养在全球化进程中的发展动态、改革背景和研究内容,并将相关的概念、框架和思路融会贯通。只有这样,才能使学生愿意积极参与高师美术教师教育与基础教育艺术核心素养对应衔接的探索。

为了实现这一目标,教师可以采用任务、主题或项目的形式来展开教学,让学生参与综合性、创造性的艺术实践活动。教师不仅要关注如何"教",还要帮助学生明确"为什么学习艺术",把握核心素养导向的教育本质。例如,在美术课程标准与教材分析的教学中,教师可以提出任务驱动式的要求,让学生对核心素养背景下的相关概念、动态框架进行梳理和解析。教师可以在课前提供相应的教学参考书目和文献资料,让学生利用纸质和网络资源,分组合作完成任务。然后由组长在课堂上展示汇报,鼓励班级同学相互交流,并组织评价组对汇报内容进行评价。最后,针对学生难以解决的问题进行有针对性的纠错和补充。通过这样的教学过程,教师不仅能够完成教学内容,还能培养学生的主观能动性和学习动机,促使学生发散思维,各抒己见,从而实现"以学定教"的教学目标。

(二)构建艺术核心素养人才培养模式

当前,新的课程标准和教育趋势引发了对美术教育专业定位的思考。在过去的人才培养方案中,对核心素养本位的培养并没有得到充分体现。因此,笔者梳理了《义务教育艺术课程标准(2022年版)》中的四大艺术核心素养(审美感知、艺术表现、创意实践、文化理解),并将其与相关专业课程相对应,构建了一个以艺术核心素养为基础的专业人才培养模式。针对这四大核心素养在专业基础课程和专业核心课程中的具体体现,从教学目标、教学内容、课程标准、教学评价等方面进行宏观分析,旨在帮助广大师生形成与当前核心素养教学理念相适应的美术师范生教学体系。

通过该模式,可以有效地将艺术核心素养融入专业课程中,推动学生全面发展。在专业基础课程中,教师应通过培养学生的审美感知和创意实践能力,使学生对艺术进行深入的感知和理解,并培养他们独立思考和创造性表达的能力。而在专业核心课程中,教师应重点培养学生的文化理解和艺术表现能力,让他们能够理解并传达不同文化背景下的艺术观念和表达方式。

除了教学目标和教学内容的调整,还需要重新设计课程标准和教学评价方法,以更好地体现艺术核心素养的培养。同时,为了确保教学体系的有效实施,需要提供相应的教学资源和支持措施,如教学参考书目、教师培训和教学辅助材料等。

总之,构建基于艺术核心素养的专业人才培养模式是适应新的课程标准和教育趋势的需要。通过将核心素养融入专业课程中,可以促进学生全面发展,培养具有创造力和文化理解能力的美术教育专业人才。

(三)解决真实性问题,注重真实性评价

信息时代学科教育的基本特征是运用学科观念来解决真实性问题,促进学科理解,培养学科素养。在发展核心素养的过程中,基于学科核心观念重建课程内容是内在要求。例如,在美术教学中,可以将美术教学理论与方法这门课程与民间美术课程相结合。通过考虑真实性问题,可以跨学科开发民间美术校本教材,并寻找当地的民间美术项目。还可以采访当地的民间艺人,形成调研报告,并将其开发为校本教材。在这个过程中,特别注重对学习过程的真实性评价。核心素养的真实性评价不仅注重学习成果,还注重学习过程。通过随时发现和改进学习过程中的偏差和问题,能够有效保障学生的美术学习质量。

通过将真实性问题融入美术教学中,学生可以更好地理解和应用学科知识,培养跨学科思维能力。同时,通过与民间美术项目的结合,学生还能够了解和学习传统的民间艺术表达方式,拓宽他们的审美视野。总之,在信息时代的学科教育中,发展核心素养需要注重真实性问题的解决。通过重建课程内容、进行跨学科合作和开发校本教材等方法,可以促进学生的学科理解和发展学科素养。同时,注重真实性评价可以提高学生的学习质量,并培养他们的创新思维和审美能力。

(四)体验"像艺术家一样创作"的大单元教学过程

中小学美术课程立足于培养核心素养,可采用杜威倡导的"做中学"方法,引导学生真正深入学习,全面体验"像艺术家一样创作"的大单元教学过程。这一大单元教学设计包含了六个环节,具体以《名画再创作——吹塑纸版画》为例进行说明。

主题:确定主题是教学设计的第一步。教师可以选择一个适合学生年龄和能力水平的主题,如名画再创作。

赏析:在赏析环节中,教师可以引导学生欣赏名画,并分析其中的构图、色彩运用等要素。通过赏析,学生可以更好地理解并感受到名画的艺术魅力。

技法:在技法环节中,教师可以向学生介绍吹塑纸版画的基本技法和工具使用方法。同时,教师还可以示范具体的技法操作,引导学生掌握相关技巧。

构思:在构思环节中,学生可以根据自己所选的名画,自由发挥想象力,提出自己的创作构思。教师可以提供一些启发性问题,帮助学生深入思考和策划自己的作品。

创作:在创作环节中,学生可以根据构思开始动手创作吹塑纸版画作品。教师可以提供必要的指导和支持,确保学生能够顺利完成自己的创作。

展评:在展评环节中,学生可以向同学展示自己的作品,并进行互相欣赏和评价。同时,教师也可以提供专业的评价和指导,帮助学生进一步提升自己的创作水平。

通过以上六个环节的设计,学生可以全面参与到"像艺术家一样创作"的大单元教学过程中。他们不仅能够感受到艺术的魅力,还能够培养创造力、观察力和表达能力等核心素养。这种教学设计方法将学科知识与实际的艺术创作相结合,能更好地激发学生的学习兴趣和动力。

(五)组建培训队伍,提高业务水平

对全体教师队伍开展培训工作,坚持培训者先培训的原则。将美术学科专家、美术教育专家、本土教研员与一线骨干教师等汇聚起来,组建培训队伍,加强与其他高校、中小学、研究机构等的密切交流,深化产学研合作,促进实践基地的完善,构建以培养艺术核心素养为导向,以培养美术教育专业人才为目标的培养模式。以师范院校为例,聘请优秀艺术家和美术教育专家到学校进行学术交流和兼职教学,提升办学实力;积极与当地中小学、企事业单位、文创机构开展合作,建立校外实训基地;依托美术学院专业优势,与有关部门共建市中小学美术教师教育研究所、市文化创意发展研究所等合作平台,开展中小学美术教师与民间非遗传承人培训项目、中小学美术教师作品展等展示项目。

通过以上措施,可以提升教师队伍的专业水平和教学能力。与其他机构和单位的密切合作,也能够促进美术教育的发展,为学生提供更好的艺术教育环境。

为了培养教师在义务教育阶段美术情境教学中所需的素养,学校和教育机构可以采取以下培养机制。

提供专业培训:学校可以组织专业培训,邀请美术教育专家和经验丰富的教师进行培训,向教师传授美术情境教学的理论知识和实践技巧。培训内容可以包括理论讲座、案例分析、教学示范等,帮助教师全面了解情境教学的要点和方法。

提供教学资源支持:学校可以为教师提供相关的教学资源,如美术教材、教学素材、教学工具等。这些资源可以帮助教师更好地设计和实施情境教学,激发学生的学习兴趣和创造力。

开展教学研讨活动:学校可以组织教师间的教学研讨活动,让教师分享彼此的教学经验和教学成果。通过讨论和交流,教师可以相互启发和借鉴,不断提升自己的教学素养和教学水平。

鼓励教师参与专业学习:学校可以鼓励教师参加美术教育相关的专业学习活动,如学术研讨会、教育展览等。这些活动可以帮助教师了解最新的美术教育理念和方法,拓宽教学视野,促进教师的专业成长。

建立教师评估机制:学校可以建立教师评估机制,对教师的情境教学实践进行评估和反馈。

在义务教育阶段,美术情境教学作为培养教师素养的机制之一,强调学生的主体性和创造性。在这一教学模式中,教师必须拥有相应的素养,以有效实施情境教学。

以下是美术情境教学实现的教师素养的培养内容。

理论知识素养:教师须深入掌握美术理论,涵盖美术史、艺术理论及美术教育理论等,以通过持续学习和研究,强化理论素养,更有效地引导学生的美术实践。

教学方法素养：情境教学要求教师运用多元化教学法，以激发学生兴趣与创造力。教师需不断学习与实践，探索各种教学法，并持续优化教学策略。

学科知识素养：教师不仅需精通美术专业知识，还需了解心理学、教育学等相关学科，以更深刻地理解学生需求与心理，实施针对性强的教学。

学生管理素养：情境教学倡导学生主体性与创造性，要求教师具备优秀的学生管理技能，能有效组织并引导学习活动，同时关注学生情绪与心理，创造良好学习环境。

自我反思素养：教师应具备自我反思能力，及时评价教学实践，发现不足并寻求改进，同时接纳他人评价与建议，提升教学质量。

创新能力素养：情境教学需要教师创造新颖的教学情境与活动，激发学生创造力与想象力。教师应持续学习新知识与新技术，更新教学内容与方法，提升创新能力。

团队合作素养：实施情境教学时，教师常需与同行及专业人员协作。教师应具备优秀的团队合作能力，能与同伴有效沟通与协作，共同完成教学任务。

职业道德素养：情境教学中，教师须遵守职业道德规范，确保教育公正与教学规范。教师应尊重学生个性与价值观，关注其的成长与发展，实现公平、公正、负责任的教学。

二 促进素养落地：探索教学素养到行为转换机制

教师情境教学素养对课堂教学有积极影响，因此应采取措施促进教师的专业成长。

一方面，教师应将自身的教学素养融入教学行为中。研究表明，教学知识水平高的教师在课堂情境教学设计上更为流畅，教学技能水平高的教师的课堂情境教学更生动，而教学情感水平高的教师的课堂情境教学评价更多元。因此，首先，教师要接受并认同情境教学理念，转变传统教学的观念。其次，教师要不断学习与实践，提高教学知识和技能，以提高情境教学素养。最后，教师应主动将情境教学素养应用于教学实践中，改变传统教学模式，培养学生的自主性和主动性，让课堂回归学生。

另一方面，学校应提供软硬环境的保障，以促进教师情境教学素养的落地。

在软环境方面,教育领导者的理念至关重要。领导者应具备开阔的眼界,紧跟教育改革的趋势。当前的教育改革要求关注学生的个性和差异,为每个学生提供适当的教育。学校领导者应认识到素质教育的重要性和情境教学的必要性。领导者的理念与政策对教师起着重要的指引作用。只有领导者倡导情境教学,教师才能有动力、有激情地进行情境教学,以此促使教师情境教学素养实现在课堂教学中。在硬环境方面,教学设备和教学资源至关重要。学校应提供良好的外部环境,特别是信息技术和教学资源方面的支持。在大班额和教育同质化的背景下,实施情境教学对教师来说可能会面临困难和压力。然而,信息技术的支持可以使教师实施情境教学成为可能。此外,尽管教师具备一定的情境教学素养,但在实施过程中可能会感到困惑和无措。因此,教学资源的支持是必要的,例如建立情境教学资源库,并提供成功案例等。教师在需要时能够得到及时帮助,从而促进情境教学素养的实施。

教师的素养对于有效培养学生的艺术素养起着至关重要的作用。在发掘学生个性潜能的过程中,教师必须具备专家式的思考,并对艺术教育有深度和广度的理解。只有这样,才能真正成为一名优秀的美术教师。

首先,教师需要具备专业知识和技能,深入了解艺术领域的理论、历史和实践。应该持续学习和探索最新的艺术发展趋势,不断提升自己的专业水平。

其次,教师还需要具备良好的教育观念和教学理念。应该了解儿童发展心理学和美育教育原理,能够根据学生的年龄特点和个体差异,因材施教,激发学生的创造力和想象力。

再次,教师还应具备良好的沟通和引导能力。应该能够与学生建立良好的师生关系,理解并尊重学生的个性和兴趣,通过适当的引导和激励,帮助学生充分发挥他们的艺术潜能。

最后,教师还应具备持续的自我反思和专业发展意识。应该不断审视自己的教学实践,寻求改进和创新的机会,并与其他教师进行交流和合作,共同提高教学质量。

综上所述,成为一名优秀的美术教师需要教师在艺术教育领域有深刻的专业思考,同时具备丰富的专业知识、良好的教育观念、优秀的沟通和引导能力,以及持续的自我反思和专业发展意识。通过不断努力和提升,教师可以更好地发掘学生的个性潜能,有效培养学生的艺术素养。

立美美术理念下情境教学的评价及优化,特别是关于教师素养发展机制的探讨,强调了教师在这一过程中的关键作用。通过系统地梳理和反思,明确了教师素养的提升不仅是教师个人专业成长的追求,更是整个教育体系质量和效率提升的关键所在。这些具体的教师素养发展机制,包括持续的专业培训、教学反思、同行交流和跨学科学习,都是确保情境教学在立美美术理念指导下能够持续优化的基础,能帮助教师在实际教学中更好地实施立美美术情境教学。

此外,教育是一个不断进步的过程,立美美术理念下的情境教学同样需要与时俱进。要继续关注这一领域的发展,不断探索和完善教学方法,激发更多关于美术教育的深层次思考和研究,以适应不断变化的教育需求,让立美美术理念下的情境教学成为推动教育创新和学生全面发展的重要力量。

参考文献

[1]白芸.回归"目中有人"的学校文化[J].教育科学研究,2016(12):49-52.

[2]李吉林.情境教育——一个主旋律的三部曲[M].北京:中国人民大学出版社,2019.

[3]赵伶俐.审美化教学论[J].西南师范大学学报(人文社会科学版),2000,26(5):108-114.

[4]郭艳芳.情境的二重性与中介作用——探讨促进学生发展的情境教学路径[J].四川师范大学学报(社会科学版),2021,48(4):126-131.

[5]王灿明.情境教育四十年的回顾与前瞻[J].南通大学学报(社会科学版),2020,36(2):132-140.

[6]冯卫东.情境教学操作全手册[M].南京:江苏教育出版社,2010.

[7]钟启泉.现代课程论(新版)[M].2版.上海:上海教育出版社,2006.

[8]黑格尔.美学[M].朱光潜,译.北京:商务印书馆,1979.

[9]中国社会科学院外国文学研究所,外国文学研究资料丛刊编辑委员会.外国理论家、作家论形象思维[M].北京:中国社会科学出版社,1979.

[10]李吉林.为全面提高儿童素质探索一条有效途径——从情境教学到情境教育的探索与思考(上)[J].教育研究,1997,18(3):33-41.

[11]冉乃彦.和中小幼教师谈美育[M].太原:山西教育出版社,2019.

[12]朱光潜.朱光潜美学文集 第二卷[M].上海:上海文艺出版社,1982.

[13]李吉林."意境说"导引,建构儿童情境学习范式[J].课程·教材·教法,2017,37(4):4-7,41.

[14]中华人民共和国教育部.义务教育艺术课程标准(2022年版)[M].北京:北京师范大学出版社,2022.

[15]袁林.美术教学管理.[M].北京:清华大学出版社,2012.

[16]L. D. WACQUANT. Towards a Reflexive Sociology:A Workshop with Pierre Boundieu[J].Sociological Theory,1989(7):26-63.

[17]皮埃尔·布迪厄,华康德.实践与反思——反思社会学导引[M].李猛,李康,译.北京:中央编译出版社,2004.

[18]朱开炎.生本教育的生态课堂教学模式[J].课程·教材·教法,2004,24(5):34-36.

[19]辛继湘.体验教学研究[D].重庆:西南师范大学,2003.

[20]曾肇文.一种叙事课程的建构与实施——以"生活领域"为例[J].新竹教育大学学报,2008,25(1):21-52.

[21]朱文芳.建构主义学习理论[D].北京:北京师范大学,2012.

[22]刘世清,刘家勋.现代教学过程与传统教学过程辨析[J].电化教育研究,2000(12):29-31.

[23]孙荣.小学科学教师跨学科教学素养的构成与培养研究[D].重庆:西南大学,2020.

[24]尹少淳."头摇尾摆"——学科核心素养本位的美术教学[J].中国中小学美术,2017(1):2-6.

[25]尹少淳."头摇尾摆"——学科核心素养本位的美术教学[J].中国中小学美术,2017(2):2-7.

[26]尹少淳."头摇尾摆"——学科核心素养本位的美术教学[J].中国中小学美术,2017(3):10-15.

[27]尹少淳.从核心素养到美术学科核心素养——中国基础教育美术课程的大变轨[J].美术观察,2017(4):5-7.

[28]李力加.核心素养时期美术教学的改变——以人美版美术教材一主题为例[J].中国中小学美术,2017(4):8-12.

[29]林崇德.21世纪学生发展核心素养研究[M].北京:北京师范大学出版社,2016.

[30]郭润玺,郭凤书.加强中学数学教学基本素养的培养[J].教育探索,1999(6):52-53.

[31]刘海兰.高校青年教师教学素养培养探究[J].现代教育科学,2011(6):23-24.

[32]张国礼,边玉芳,董奇.中小学教师教学素养、工作压力、主观幸福感的关系[J].中国特殊教育,2012(4):89-92.

[33]陈全英.现代教师课堂教学素养浅析[J].宁波教育学院学报,2002(3):5-7,12.

[34]崔振成.教育知识觉悟下教师教学素养发展智慧[J].教育科学研究,2019(4):85-90,95.

［35］尹少淳.新版课程标准解析与教学指导 美术［M］.北京:北京师范大学出版社.2022.

［36］闫飘飘.物理学生学业质量评价框架构建与评价工具开发［J］.高考,2021(26):115-116.

［37］张曦,曹建林.小学美术"欣赏·评述"课评价工具开发与运用探析［J］.上海教育科研,2016(8):70-72.

［38］李勤华.英语单元学习评价工具的价值追求与开发运用［J］.江苏教育研究,2019(10):69-73.

［39］中共中央 国务院关于深化教育改革全面推进素质教育的决定［EB/OL］.(1999-06-13)［2021-05-08］.http://www.moe.gov.cn/jyb_sjzl/moe_177/tnull_2478.html.

［40］国家中长期教育改革和发展规划纲要(2010—2020 年)［EB/OL］.(2010-07-29)［2021-05-08］.http://www.moe.gov.cn/srcsite/A01/s7048/201007/t20100729_171904.html.

［41］习近平在全国教育大会上发表重要讲话［EB/OL］.(2018-09-10)［2021-05-08］.http://jhsjk.people.cn/article/30283643.

［42］关于全面加强和改进新时代学校美育工作的意见［EB/OL］.(2020-10-15)［2021-05-08］.http://www.moe.gov.cn/jyb_xxgk/moe_1777/moe_1778/202010/t20201015_494794.html.

后记

时光流转，为期三年的"厦门市首期卓越教师培育项目"即将画上圆满的句号。回首这段时光，我在理论修养和教育境界上取得了长足的进步，这一切都离不开这三年来专家、教授们的悉心指导。

撰写这本专著，既是我完成在岗研修任务的重要一环，也是我对义务教育阶段美术情境教学深入研究的一次集中呈现。在编写过程中，我严格遵循《义务教育艺术课程标准（2022年版）》的指导，力求将理论与实践相结合，为一线美术教师提供有价值的参考。全书共分为六个章节，是我"立美美术"教学主张的具体阐述，凝聚了我对美术教育情境教学的思考和探索——全面落实立德树人根本任务，发展素质教育，推进教育公平，培养德智体美劳全面发展的社会主义建设者和接班人。

本书旨在为教师提供关于美术情境教学的借鉴，帮助教师更好地实施教学及评价工作，并推动学生的全面发展。其中，我尤为注重"立美美术"这一主线的贯穿。我深信，美术教育的核心在于培养学生的审美能力和创造力，而"立美美术"的教学主张正是实现这一目标的重要途径。在书中，我不仅详细阐述了"立美美术"的理念和实施方法，还通过丰富的案例举要，展示了其在实际教学中的应用效果。无论是初次接触情境教学还是已经有一定经验的教师，本书都提供实用而有价值的知识和建议。让我们一起深入探索，共同提升情境教学的水平！

同时，我也深刻认识到，美术教育作为全面贯彻党的教育方针的重要组成部分，肩负着落实立德树人根本任务、发展素质教育、推进教育公平的重任。因此，在本书中，我特别强调了对学生的德智体美劳全面发展的关注，希望通过我的研究，能为培养社会主义建设者和接班人贡献一份力量。

在此，我要衷心感谢厦门市教育局、西南大学教育学部、厦门市教育科学研究院以及厦门五缘第二实验学校给予我宝贵的研修学习机会。正因如此，我才能够跟随着各位专家、教授学习,在他们的指导下不断提升自己的专业素养。特别要感谢罗生全教授、范涌峰教授、艾兴教授、王天平教授、石锡伍书记、魏登尖副主任、郑宝珍老师、黄谦老师的悉心指导,让我在学术道路上少走了许多弯路,他们的教诲和启示我将永远铭记在心。

当然,我也深知自己的水平和能力有限,本书中难免存在疏漏和不足之处。因此,恳请各位读者在阅读过程中能够给予批评指正,帮助我不断完善和提高。

最后,我想说,这本专著的完成并非终点,而是我探索美术教育新境界的起点。我将继续努力学习、深入研究,为推动义务教育阶段美术情境教学的发展贡献自己的力量。在此,再次感谢所有支持、帮助过我的人,愿我们的教育事业蒸蒸日上,也为培养更多优秀的社会主义建设者和接班人而不懈努力!